미시마의 도쿄

일러두기
— 이 책에 등장하는 문학 작품 중 발표 시기나 발표 매체가 중요한 경우엔 발표 연도를 병기했으나, 그 외에는 단행본으로 출판된 연도를 병기했다.
— 문학 작품 및 그 외의 창작물, 간행물의 경우 홑낫표「 」, 책의 형태로 엮인 작품은 겹낫표『 』로, 시리즈의 경우 화살괄호〈 〉로 표기했다.

작가와 함께하는
도시 산책

미시마의 도쿄

글 양선형
사진 민병훈

소전
서가

차례

I. 프롤로그: 산책 준비   8
    산책의 구상
    매혹과 난처함
    미시마 유키오와 나
    『가면의 고백』, 미시마 감수성의 기원

II. 도쿄 산책   40
    산책의 시작: 먼저 나리타 공항으로

#산책길 1 – 비극을 동경하는 소년   46
    1. 미시마 유키오 출생지
    2. 신주쿠 교엔
    3. 메이지 신궁
    4. 가쿠슈인 초등과

#산책길 2 – 가면을 쓴 청년   80
    5. 가쿠슈인 중등과
    6. 도쿄대학 캠퍼스
    7. 니혼바시 거리 / 재무성 일대

#산책길 3 – 편력과 사랑   124
    8. 진보초 고서점 거리 / 고미야마 서점
    9. 카페 밀롱가 누에바
    10. 긴자-유라쿠초 거리 / 미요시 다리
    11. 히비야 공원 / 우에노 공원

#산책길 4 – 어둠에서 태양으로　　　　　　174
　+ 미시마와 태양, 〈자기 개조〉의 시기
　12. 마고메 문사촌 / 미시마 유키오 자택
　13. 야마나카호 / 미시마 유키오 문학관

#산책길 5 – 문무양도: 마지막을 향하여　　　224
　+ 2.26사건과「우국」, 미시마의 천황주의
　14. 요코하마 모토마치 /
　　　모토마치 공원
　15. 요코하마 외국인 묘지
　16. 야스다 강당
　17. 시부야 구립 나베시마쇼토 공원 /
　　　구 마에다 후작 양관

#산책길 6 – 죽음　　　　　　　　　　　　286
　18. 가마쿠라 고토쿠인
　19. 유이가하마 해변
　20. 식당 스에겐
　21. 일본 방위성 이치가야 기념관
　　　미시마 유키오 묘지

III.　에필로그　　　　　　　　　　　　　　344

IV.　참고 자료　　　　　　　　　　　　　　350

I. 프롤로그: 산책 준비

산책 전 미리 읽을 책

『가면의 고백仮面の告白』, 1949

『가면의 고백』은 미시마의 출세작이자 자전적 소설로, 미시마 문학의 출발점이다. 허약하고 내성적인 화자가 겪는 동성애적인 욕망과 〈정상적인 삶〉을 위한 사회적 가면 사이의 내적 갈등과 자기혐오, 기만적인 화자의 초상을 직설적이고 과감한 고백체로 낱낱이 해부한다. 화자는 소년 시절부터 죽음과 비극, 피와 폭력, 근육질의 남성과 순교자의 고통에 성적 욕망을 느끼지만, 이를 감추기 위해 정상성의 가면을 쓴 채 살아간다. 전반부는 〈사춘기 소년의 비밀 노트〉이다. 화자는 유년 시절 느꼈던 일탈적인 욕망의 순간들을 하나씩 나열하며, 학창 시절 사모했던 건장한 신체의 동급생 오미에게 느낀 성적 욕망과 소외를 탐미적 문장들로 묘사한다.

산책의 구상

소전서가에서 미시마 유키오三島由紀夫와 도쿄를 주제로 에세이를 써보지 않겠느냐는 제안을 받았을 때, 머릿속에 자연스레 떠올랐던 것은 이상하게도 오에 겐자부로大江健三郎의 작품들이었다. 아마도 지금껏 내가 미시마와 오에를 같은 책상에 올려놓고 함께 읽었던 독자이기 때문일 테다. 미시마를 생각하면 그를 관찰하는 오에의 안경 쓴 얼굴이 자연스레 연상된다.

이는 문학 작품을 즐기는 내 나름의 요령이다. 작가들 사이의 대화를 상상하는 일. 당연하게도 문학의 세계는 독립된 작가들이 외따로 군림하는 것이 아니라, 시공간을 뛰어넘어 그들 사이에 놓이는 상상 속 대화의 그물망으로 이루어진다.

허약 체질이었던 소년 시절의 미시마를 생각하면 그가 매혹되었던 프랑스 요절 작가 레이몽 라디게 Raymond Radiguet가 떠오르고, 전후 일본 작가들의 나약함을 경멸하던 청년 시절의 미시마를 생각하면 그들의 대표 격인 다자이 오사무太宰治가 떠오른다. 보디빌딩을 시작한 미시마가 심약한 낭만주의를 극복하는 〈자기 개조〉의 시기에 읽고 또 읽었던 모리 오가이 森鷗外와의 관계, 미시마가 늘 극찬했던 조르주 바타유 Georges Bataille와의 관계도 떠오른다. 다시, 안경 쓴 오에 겐자부로의 얼굴로 돌아가 보자. 미시마가 신화화했던 〈일본의 미〉를 회의적으로 바라보던 오에의 입장에서도, 결국 미시마는 매서운 시선으로 동시대의 문학을 들추는 과정에서 만날 수밖에 없는 중요한 이름이었다.

이 이름들 사이에 다양한 모양의 선분을 그으며 책을 읽는다. 때때로 그 선분 사이에 역사와 구체적인 장소가 겹친다. 이른바 내가 〈별자리 놀이〉라고 부르는 것. 이 선분들은 나와 문학 사이에 유별난 연대감을 만든다. 문학은 끈적한 거미줄처럼 나를 빠져나가지 못하게 하는 매혹적인 별자리다. 그것은 항상 길을 인도하지만, 때때로 잃게도 한다. 나는 미시마와 어떤 산책을 하게 될까? 미시마의 이름을 검색하니 사진 여러 장이 쏟아졌다. 구글 맵을 켜고 가장 먼저 미시마의 출생지와 사망지를 〈가고 싶은 장소〉로 지정했다.

미시마는 어떤 작가일까. 그의 문학에 관해 이야기하려면 그가 쓴 소설 「우국憂国」(1961)의 배경인 〈2.26 사건〉을 빼놓을 수 없다. 그가 느꼈던 가미카제 특공대에 대한 연민과 동경, 일본 제국의 패전, 쇼와 천황의

〈인간 선언〉과 출세작 『가면의 고백仮面の告白』(1949)의 출간, 야스다 강당에서 있었던 도쿄대 전공투와의 난상 토론과 같은 장면들이 생애를 이루는 스냅 사진처럼 머릿속을 빠르게 스친다. 쇼와 시대의 격동기를 살았던 미시마는 이 역사적 사건들과 호흡하거나 그것을 재현했다. 예술 지상주의자, 이른바 미美에 대한 지독한 사랑을 다룬 탐미주의자로도 유명하지만, 이러한 사건들에 대한 미시마의 과도한 애착 때문에 극우적인 이미지 역시 강하다.

죽기 몇 해 전부터 현격하게 변화한 행동가로서의 미시마는 천황주의자이자 사무라이의 모방자가 되었다. 스스로를 천황과 일본 전통문화를 수호하는 〈미의 특공대〉로 명명했고, 자위대의 정신적 재무장과 일본의 강건한 군사 문화인 〈무사도〉로의 복귀를 호소하며 동시대의 시류에 공공연히 맞섰다. 우익 청년들을 모아 〈방패회楯の会〉라는 이름의 괴상한 군사 단체를 창설했으며, 『문화방위론文化防衛論』(1969)을 집필하여 좌파 운동에 항의를 표명하는 한편, 예술이 좌파 이데올로기의 선전으로 사용되는 일에 맹렬히 반대했다. 〈근대 고릴라〉로서 전공투 학생들과의 대담과 토론에 직접 참여했고, 당시의 일본, 나아가 세계 보편의 이상이었던 평화와 안락한 일상에 저항하며 군대식 제복을 입고 옆구리에 칼을 차고 다니는 인물로 돌변했다.

장년기의 그는 성공한 문학가로서의 삶을 저버리고 이렇게 〈문단의 광인〉이 되었다.

미시마는 전후 민주주의 사회의 타락과 기만적인 평화, 사라지는 일본, 위선적인 경제 대국에서 이익을 얻어 온 문학가로서의 불충분함을 견딜 수 없었다. 협조할 수 없다는 부정의 정신, 문학에만 몰두해 현실과 냉소적으로 거리를 두고 살았던 지난 세월에 대한 수치심을 느꼈다. 미시마의 후기 문학론이 반영된 『태양과 철太陽と鉄』(1968)은 군사 문화에 대한 예찬이나 죽음에 대한 숭배와 함께, 파시즘 미학의 교과서라 해도 좋을 아슬아슬함으로 가득한 위험한 책이다.

우리 입장에서 그를 쉽게 옹호하는 일은 불가능하다. 미시마는 늘 논쟁적인 이름이었으며, 그 논쟁은 여전히 계속되는 한편 예기치 못한 문학적 화학 작용을 촉발한다. 몇 해 전 신경숙 작가의 표절 논란이 미시마의 우익 성향으로 더욱 시끄럽게 점화되었던 배경이 떠오른다.

〈미시마〉라는 렌즈로 도쿄를 응시하는 일은 낭만적인 이미지로 포장된 문화 대국 일본의 이면을 들춰내는 경험이자, 어쩌면 그 이미지를 파괴하는 경험이다. 미시마의 문학에는 우리가 일본이라는 나라에 기대하고 또 매료되는 전통적인 아름다움이 깃들어 있지만, 우리가 부담스러워하는 근대사 속 꺼림칙함이 녹아들어 있기 때문이다. 그 양면성을 살피는 것이 바로 일본과 미시마를 동시에 읽는 일의 의미일 테다.

내게는 여전히 미시마 소설의 흔적이 이렇게 남아 있다. 『금각사金閣寺』(1956)에서 미조구치의 환상을 깨부순 현실 속 금각과 연못에 비친 아름다운 신기루 속 금각의 대비, 『금색禁色』(1951)에서 성적 정체성을 받아들이지 못한 유이치가 유령 같은 사람들 사이로 으슥하고 성적 긴장이 팽팽한 밤의 히비야 공원을 지나 게이 바에 이르는 관능적 장면, 『봄눈春の雪』(1969)에서 병색이 짙어 창백해진 기요아키의 손바닥으로 떨어져 증발하는 봄날의 가냘픈 눈. 『나쓰코의 모험夏子の冒険』(1951)에서 곰에게 복수하려는 구제 불능의 연인을 코웃음 치며 천진하게 따라붙는 나쓰코의 명랑한 활기 또한 내 뇌리에 선명하다.

이 책의 집필을 수락하던 날이 떠오른다. 편집자에게 미시마와 도쿄에 관한 산문을 써보겠다고 자신했으나, 막상 지하철을 타고 집으로 돌아가면서 자신이 없어졌다. 당장 그만둔다고 말해야 하나? 무조건 항복을 선언하는 쇼와 천황의 〈옥음 방송〉이 라디오에서 송출되던 날, 천황이 자신의 신격神格을 철회하고 인간의 세계로 하야할 때 미시마가 느꼈던 비애감이나 허무감은 무엇일까. 나는 절대로 그 심정을 이해할 수 없을 것이라는 생각이 들었고, 사실 꼭 이해해야 하는지에 관한 필연성과 개연성을 찾을 수도 없었다⋯⋯.

미시마에게 가미카제 특공대에 소속된 병사들이 전장으로 출정하기 전에 남긴 유서, 국가에 목숨을 바치기로 작정한 청춘의 짤막한 문장들은 그 자체로 최상의 문학이었다. 죽음을 두려워하지 않는 결기, 남성적인 단순성과 숙명성이 담긴 문장들. 미시마의 작품인 「영령의 소리英靈の聲」(1966)는 병사들에게 신성한 순교를 명령한 현인신으로서의 쇼와 천황이, 패전 후 인간이 되기를 선택함으로서 책임을 방기하고 죽은 병사들의 영혼을 모욕하고 망각했다는 원한으로 들끓는다. 천황은 신으로서 그들의 대의와 충정, 비틀린 헌신의 광기를 대속代贖해야 마땅한데, 이를 외면하고 〈인간 선언〉을 택함으로써 순수한 일본의 정신을 내팽개쳤다는 것이다.

나는 한국에서 역사 교육을 받았다. 천황이 인간이 아닌 〈신〉이어야 하는 근거를 제공하는 듯한 이 텍스트를 처음 접했을 때 이 낯섦에 대해 서술할 배짱과 확신이 사라졌던 것은 어쩌면 당연했다. 가미카제 특공대에 대한 지극히 낯선 애도의 감각을 선물하는 것처럼 느껴졌고, 쉽게 공감하지 못할 위령 의식에 사로잡힌 것처럼 느껴졌던 탓이다.

머릿속이 어지러워지는 기분이었다. 그러나 한편

으로, 내게는 산책자로서의 낙관적인 기대가 미열 같은 설렘으로 계속되었다. 산책은 얼마든지 길을 잃어도 좋은 것이 아닐까. 그렇게 나타난 예상치 못한 풍경을 긍정하는 일이 아닐까. 앞으로 떠날 산책이 내게 미시마로 향하는 비밀스러운 오솔길의 입구를 열어 주지 않을까. 나는 결국 미시마가 스스로 목숨을 끊은 바로 그 장소에 도달하게 될 것이다. 그때 나만이 찾아낸 미시마의 한 조각을 들고 집으로 돌아오길 바랐다.

매혹과 난처함

매혹과 난처함에서부터 이야기를 시작하는 게 좋겠다. 내 주위의 신뢰할 만한 독자들에게 미시마에 관해 앙케트를 했더니 대략 세 가지 정도의 대답이 돌아왔다. 이를 간추려 언급하자면,

1. 미시마? 소설은 잘 쓰지.
   그런데 작가는 별로. 왜 갑자기 미시마?
2. 미시마? 묻지도 따지지도 말길.
   끝내주는 작가지. 그는 문학의 신이야!
3. 미시마?
   (긍정적인 의미와 부정적인 의미를 합쳐)
   진짜 미친 사람이지……

독자들은 이 답변들에 내재된 딜레마를 눈치챌 것이다. 미시마의 소설은 독자를 매혹시키지만 또한 그 매혹됨을 난처하게끔 하는 특징을 가진다. 미시마의 작품은 문학에 대해 독자가 보편적으로 품는 윤리적 환상을 배반한다. 많은 독자가 미시마의 작품에 매혹

된다. 그러나 그 매혹은 그의 작품을 순수하게 간증하는 일에 이르지 못하고, 그 매혹과 갈등하거나 그의 파국적인 죽음과 결부된 다양한 감정들로 가지를 치며 뻗어 나간다. 나도 마찬가지다. 미시마는 묻지도 따지지도 말아야 하는 문학의 신이거나, 아무리 소설이 훌륭하다 해도 그 행적에 쉽사리 찬동할 수 없는 작가, 아니면 광인이다. 그가 피사체로 출연한 누드 사진들은 미시마의 열광적인 팬들에게 우스꽝스러운 밈으로 활용되기도 한다.

모든 작가는 나름대로의 생애사를 가진다. 하지만 미시마만큼 독자를 난처하게 만드는, 나아가 해괴한 충격에 빠뜨리는 이도 드물다. 누구나에게 쉽게 받아들여진다면, 즉 쉽게 상찬하거나 비판할 수 있다면 그의 문학에 대해 더는 진지하게 고민할 필요가 없다. 반면 미시마의 문학과 삶을 이해하기 위해서는 알쏭달쏭한 미로 같은, 동의하거나 동의할 수 없는 생각의 미로 속으로 들어서야 하는 난처함이 동반된다. 작품에 매혹된 독자라면 그 매혹에 상응하는 사유의 값을 치러야 하는 법이다.

나는 그의 소설을 좋아하면서도 그와 갈등하기를 바랐고, 갈팡질팡하면서 그에게로 향하는 희귀한 샛길을 발견하기를 바랐다. 미시마도 그걸 원하지 않을까? 그는 대결과 반항을, 모독과 투쟁을 사랑했으니 말이다. 어쩌면 진정한 대화를 촉발하는 작가들이란 이렇듯 찝찝하고 어려운 딜레마를 안기는 이들을 뜻할지도 모른다.

친절하고 순조로운 감동 속에 있길 거부하는 것, 그것은 미시마가 추구했던 문학의 핵심적인 원리였다. 미시마는 후반기 좌파 학생들과의 토론에서 자신은 보들레르Charles Baudelaire가 이야기한 댄디Dandy에 부합한다고 말한다. 댄디, 다시 말해 자신은 미움받는 자의 귀족적인 쾌락을 즐기는 사람인지도 모르겠다는 것. 미시마를 얼마든지 미워할 기회가, 내게는 그의 너그러운 승낙과 함께 열려 있는 셈이다.

미시마는 히로히토 천황이 재위하던 쇼와 시대에 활동했다. 그가 〈쇼와의 귀재〉로 불렸던 이유는 그 시대에 태어났을 뿐 아니라, 대중적으로든 문학적으로든 가장 성공한 문학인 중 하나였기 때문이다. 쇼와 시대는 일본 군부의 팽창주의적 야심이 정점에 이르러 결국 태평양 전쟁과 일본 제국의 패망으로 이어진 역사의 혹독한 터널을 통과하던 때다. 폭력과 이념, 전통과 자본주의가 교차하는 혼란스러운 현장에서 미시마는 글을 썼고 예술과 정치에 관해 고민했다.

그가 통과한 역사적인 사건들을 열거하다 보면 결국 하나의 사건과 마주하게 되는데, 일본을 넘어 해외 문화계까지 여파를 미쳤던 〈미시마 사건〉이다. 미시마의 시대를 공유하지 않는 지금의 독자가 그의 문학을 작품 자체로만 읽기는 거의 불가능하다. 그의 기이한 죽음이 거울처럼 작품에 되비치기 때문인데, 실제로 미시마는 소설 곳곳에서 자신의 죽음을 암시하는 문장이나 이야기를 직접적으로 서술한다.

미시마는 직접 유작이라고 정한 〈풍요의 바다豊饒の海〉 시리즈 마지막 작품 원고를 편집자에게 넘긴 뒤, 방패회 단원들과 함께 자위대 동부 방면의 총감실을 습격했다. 총감을 납치하고 자위대를 상대로 최후의 연설을 벌인 뒤, 극적인 할복으로 생을 마감했다. 죽기 직전 그의 마지막 요구는 전후 헌법의 개정과 절대 천황제 부활을 촉구하는 것이었다. 미학적이고 정치적인 퍼포먼스와 함께 스스로의 생명을 살해하는 것이 〈미시마 유키오〉라는 한 인간의 종착지였다. 「우국」이나 『달리는 말奔馬』(1969)에서 수려하지만 왠지 모르게 꺼림칙한 언어로 재현했던 비극적인 아름다움, 할복하는 순수한 인간의 모습을 현실에서 드라마틱하게 실현시킨 것이기도 하다.

〈문학적 재현〉이란 현실의 인물과 사건을 작품 속에서 자신의 관점으로 다시 서술한다는 뜻이다. 미시마의 경우에는 정확하게 그 반대이다. 작가가 자신의 작품을 현실이라는 무대에서 다시 재현하는 양상으로 나아가기 때문이다. 허구의 궁극적 욕망이 실재라면,

미시마는 극적인 최후로 둘 사이의 간격을 현저하게 좁히며 잠시 동안 허구를 실재로 뒤바꾸는 일에 성공한다. 자신의 생명을 대가로 말이다.

〈미시마 사건〉은 당시의 일본 사회에 많은 충격을 주었다고 한다. 도쿄를 여행하며 들른 카페나 펍에서 짧은 일본어로 미시마에 대한 이야기를 꺼냈을 때, 그의 작품을 잘 모른다고 말했던 젊은이들도 대개는 그 사건을 기억하거나 알고 있었다. 도쿄에서 만난 한 백발의 택시 기사는 내게 미시마 사건을 선명하게 기억한다며, 그때 모든 언론이 〈미시마 상〉에 관한 이야기로 떠들썩했다고 말했다.

탐미주의자, 보디빌더, 극우 작가, 퀴어, 자살자이자 할복자. 이와 같은 정체성의 이름표들은 서로 중첩되면서 그를 입체적이고 미스터리한 작가로, 쉽게 요약할 수 없는 작가로 만든다. 한편, 작품들을 천천히 다시 읽으며 놀랐던 것은, 그가 운명적으로 느껴질 만큼 계획된 방식으로 자신의 삶과 문학에 대한 청사진을 그렸으며 그것을 일관되게 실천했다는 사실이었다. 마치 자신의 삶이 정교한 플롯으로 고안된 작품이라도 되는 양.

소설가로서 더욱 인상적이었던 점은 그가 엄청나게 다작했다는 것이다. 미시마는 매년 소설집과 산문집을 출간했고, 매일 같은 시간에 부지런하고 열정적으로 글을 썼다. 그는 광인이나 선동가, 영감의 순간이 찾아오기만을 기다리는 영매라기보다는 꾸준하게 작업에 매진하는 〈글쓰기 공무원〉에 가까웠고, 심지어는 여성 잡지와 문예지에 두 편 이상의 장편소설을 동시에 연재하기도 했다. 매일 게으름을 피우는 나로서는 상상조차 하지 못할 작업량이다.

미시마는 무엇보다 죽음을 사랑했다. 그에게는 그것이 삶을 사랑하는 일과 동일했다. 그에게 삶이란 도시에서 영위되는 현대인의 삶, 〈무기적이고 공허하며, 중성적인 중간색의, 유복하며 빈틈이 없는, 어느 극동의 경제 대국〉(『문화방위론』)에서의 안락한 일상을, 평범하고 무기력한 나날에의 체념과 투항을 의미하지 않았다. 그에게 진정한 삶이란 비극으로 승화될 〈미적 형식〉을 갖추었을 때만이, 장렬하게 죽음을 맞이할 실존적인 가능성 속에서 성취되는 극상의 경험이었다. 그는 삶이란 동경의 대상이자 미의 완성인 죽음과의 팽팽한 긴장을 통해 진정한 가치와 실재성을 갖는다고 믿었고, 그것은 그의 소설 전반에 나타나는 〈죽음의 미학〉으로 확인된다.

그리고 그가 맞이했던 패전 이후 고도 성장기의 일본은 비극과 역사를 향한 대의가 사라진, 권태로운 일상성과 거짓된 문화주의가 만연한 사막이었다. 이상을 위해 목숨을 거는 사람은 아무도 남아 있지 않고, 목숨을 거는 일을 감수할 윤리적인 인간 또한 끝장난 시대. 미시마는 발전하던 전후 일본에서 죽음과의 긴장이 사라진 시대의 무기력을, 죽음조차 종말한 시대의 환멸을 봤다.

순교나 영웅적 희생은 자신의 생명을 담보로 윤리적 진정성의 실현을 추구한다는 점에서 값지고 숭고하다. 그러한 희생에 아름답다는 말을 덧붙이는 이유는, 실제로 아름다워서가 아니라 목숨을 내놓고 공동체를 위해 실천하는 가치의 윤리성 덕분일 것이다. 그러나 미시마는 순교나 희생을 감행하는 자의 윤리적 가치보다도 순교나 희생의 순간 발생하는 에로스와 미학적인 정열에 놀랄 만큼 순진하게 경도된다.

『가면의 고백』에는 방문을 닫아건 소년이 가지는 순교자의 상처와 피에 대한 성적 환상이 적나라하게 기술된다. 인간에게 순교를 요구하는 미시마의 신神은 도덕과 금기를 확립하려는 기독교적인 신이 아니라, 피와 희생물과 에로스를 갈망하는 동물적인 신, 사악한 신에 가깝다. 미시마는 죽음을 맞이하는 대상의 미적인 표면, 그 육체의 찢김을 열광적으로 탐닉하기 때문이다.

미시마의 모든 소설은 그의 죽음을 예감한다. 마치 죽음이 삶의 지향점이라고 호소하는 듯, 그가 생전에 남긴 글에는 죽음에 대한 의지로 충만하거나 쉽게 해소될 수 없는 죽음의 그림자가 드리워진다. 죽음의 그림자가 아닌, 죽음의 화려한 채색화랄까. 〈풍요의 바다〉 시리즈 각 작품은 감미롭거나 난폭한 죽음으로 마무리된다. 『봄눈』의 기요아키는 낭만적 사랑의 열망 한가운데에서, 『달리는 말』의 이사오는 맹렬한 정치적 열정을 안고 분분하게 산화한다. 미적인 삶은 죽음을 향한 집요한 갈증에서 성립된다는 듯, 미시마는 인물들의 죽음을 호사스럽게 연출한다.

그래서, 그의 소설을 읽는 일은 죽음에 대한 집착적인 관념을 이해하는 일이다. 죽음으로부터 인간의 아름다움이나 갈망, 비극과 에로스를 연역하고, 이 어두운 구멍을 향해 끌려드는 인간의 생생하고도 위태로운 충동을 이해하는 일이다. 소설의 표면에서 이 충동은 엄숙하고 감각적이며, 탁월하게 조율된 미학적인 언어로 쓰인다. 그러나 유려한 수사들을 걷어 내면, 우리는 병자의 가쁜 헐떡임처럼 무섭고도 왠지 모르게 불쾌한 그의 초조함을 감지하게 된다.

나는 무언가가 나를 죽여 주기를 기다리고 있었다. 하지만 그것은 무엇인가가 나를 살게 해주기를 기다리는 것과 똑같은 일이었다.
―『가면의 고백』 중에서

1948년 23세의 미시마 유키오.

미시마 유키오와 나

일본으로 떠나기 전 걱정스럽고 때때로 조급한 마음으로 그의 여러 작품 사이를 왕래했다. 그의 소설을 온전히 소화했는지도 자신이 없었지만, 무엇보다 이 여행기가 군국주의 시기의 일본을 따라가는 다크 투어리즘이 되면 어떡하지? 미시마는 관광지가 된 도쿄를 좋아했을까. 나는 『금각사』에서 끊임없이 나타나는, 관광객이 된 미군에 의해 실추된 〈금각〉과 미조구치의 관념 속에서 군림하는 절대미 〈금각〉 사이의 괴리를 떠올렸다.

미시마의 작품을 처음 접했던 것은 열여덟 무렵이었다. 나는 청소년 시절에 으레 느낄 법한 억눌린 불만과 심술궂은 허영심을 안고 처음 세계 문학을 읽기 시작했다. 물론 반항심도 있었다. 당시 내게 문학이란 세계가 모범적이라고 치하하는 삶의 양식과는 다르게 살아가는 사람들이 거주하는 별세계의 마을이었기 때문이다.

그러던 와중에 한 네이버 카페에 가입했다. 카페 배너에 알베르 카뮈Albert Camus와 밥 딜런Bob Dylan의 얼굴이 대문짝만하게 걸려 있었고, 책이나 영화, 음악의 고수들이 상주하며 취향과 감상을 공유하거나 추천하는 카페였다. 나는 정기적으로 읽은 책들의 감상문을 업로드했다. 이런 멋진 책을 읽었다고 으스대는, 내용 없고 낯 뜨거운 감상문이 대부분이었지만. 책을 읽었기에 감상문을 쓰는 건지, 감상문을 쓰기 위해 책을 읽는 건지 분간이 되지 않는 시기였다.

카페에서 활동한 지 서너 달 지났을 무렵, 게시판에 다자이 오사무의 『인간 실격人間失格』(1948)에 대한 감상문을 적었다. 금방 댓글이 달렸다. 나는 다자이보다 미시마와 오에가 좋아. 일본 문학을 아는 사람이면 다자이보다는 미시마와 오에를 좋아하는 법이지. 이렇게 우쭐대는 듯한 댓글을 달았던 그도, 나중에 알기로 동갑에 나와 같은 문예창작과를 지망했던, 그리고 나만큼 많은 양의 감상문을 업로드하던 문학 낭인일 뿐이었다. 어쨌든 나는 그 길로 서점에서 미시마의 『가면의 고백』과 오에의 『개인적인 체험個人的な體驗』(1964)을 구입했다. 아마도 미시마의 이름을 들으면 오에가 연상되는 것은 이때의 기억 때문이겠다.

두 책 중 『가면의 고백』이 유독 강렬한 읽기의 체험으로 다가왔다. 아마 화자가 당시의 나와 비슷한 나이였기 때문일 것이다. 나는 들뜨는 흥분 속에서 화자가 제시하는 환상과 소외의 경험을 열렬하게 탐독했다.

문학에 대한 고정 관념을 과감히 깨부수고, 가슴이 콩닥거리는 거센 일탈의 고백을 엿듣는 느낌이었다. 내면이라는 폐쇄된 상자 안쪽에 봉인된 비밀스러운 욕망의 판타지를, 스스로를 궁지로 내모는 치열한 자기 심문을 몰래 훔쳐보는 경험.

청소년 시절에는 아무래도 외부 세계보다 내부 세계에 더 몰입하기 마련이다. 구체적인 경험이나 기억보다는 머릿속의 공상과 환상이 중요하고, 갈피를 잡지 못한 채 억눌린 욕망과 수치심, 서투름과 수줍음, 불안과 두려움에 지배받는 시기가 아닐까.『가면의 고백』은 혼란스럽고 공격적인 자의식, 수치심과 죄책감으로 인한 내면의 분열, 화자의 탐미적인 환상들을 채록하는 일에 많은 분량을 할애한다. 자신에 대한 철저하고 분석적인 태도도 돋보인다. 현실에서는 무능하며 비겁한 화자이지만, 외려 그 무능함과 비겁함에서는 달아나지 않는 정직성이 소설 속 문장들을 이글거리게 했던 원인이었으리라 짐작할 따름이다.

문학은 내면의 투쟁이 솔직하고 집요하게 기록된 노트이며,『가면의 고백』이 증명하듯 그것만으로 충분할 때도 있다. 물론 미시마가 서문에서〈고백의 본질은 불가능〉이라고 언급하고 있긴 하지만 말이다. 고백이 불가능하다는 사실을 철저하게 자각한 작가가 시도하는 고백이란 대체 어떤 성격을 띠고 있을까? 소설 전반에 외설스러운 장면이 더러 있었고, 그 장면들이 말초적으로 나를 흔들었던 것도 사실이다. 그러나 무모한 고백의 열정에 사로잡힌 화자에게 당시의 나는 꽤 큰 위안을 받았는데, 달콤하고 다정한 말을 들을 때와는 달랐다. 자신을 설명할 언어를 구하려고 지독하게 투쟁하는 인간 앞에서 느껴지는 집요하며 고독한 위안. 나도 그런 위안 속에서 글을 쓰기 시작했으며, 그것은 여전히 문학만이 선사할 수 있는 위안일 것이다.

『가면의 고백』,
미시마 감수성의 기원

그러나 말이 좋아 위안이지, 『가면의 고백』은 독자를 설득하기보다는 거슬리고 불쾌한 이물감을 환기한다. 독자가 이 소설의 화자에게 공감한다면, 어디에도 떳떳하게 드러내 놓고 이야기하지 못할 은밀한 지점에서 그렇다. 미시마는 이 피하고 싶은 날것의 장소로 우리를 데려가며, 우리가 감춘 수치스러운 욕망의 진실에 호소하는 글을 쓴다.

문학에서 흔히 기대하는 윤리적 감정은 미시마에게 심문과 의혹의 대상, 야유와 모독의 대상이다. 그는 쉽사리 외부로 꺼내 놓을 수 없는 비루하며 부도덕한 환상에 천착하며, 모순과 자기혐오로 인해 쪼그라들고 소외된 벌거벗은 인간의 내면을 향해 말을 건다. 타인에게 이야기하지 못할 나를 진짜 나라고 인정하도록 부추긴다. 그래서 미시마의 문장은 나를 승화시키고 정의롭게 만들기보다 항복하게 하고, 내 겹겹의 기만을 관통해 나가며 힘을 갖춘다. 게다가 현란하게 채색된 언어로 독자를 현혹한다. 미시마의 소설이 주는 즐거움은 설득과 공감이라는 친숙한 의사소통이 아닌, 항복과 유혹이라는 동물적인 카리스마에서 온다. 소설이 행사하는 미학적인 권능, 아름답게 제련된 기교의 〈근력〉에서 발생한다! 짜증스러운 쾌감, 무수한 길티 플레저로 빛나는 미시마의 소설들······.

『가면의 고백』에서 미시마는 자신을 특별한 존재로 느끼는 퀴어 소년의 절망과 분열을 치밀하고도 무시무시한 자기 분석으로 해부한다. 자신이 가진 감수성의 기원을 독자에게 친절하게 설명하듯, 문학적 재능의 어두운 출처가 유년기의 기억을 빌어 상세히 묘사된다. 이 기억들은 『가면의 고백』을 넘어, 미시마의 삶이라는 〈픽션〉의 주요한 논리적 전제가 된다.

『태양과 철』은 미시마가 장년기에 집필한 문학론이지만, 그 시작은 『가면의 고백』의 1부에 등장한 〈미코시 행진〉이었다. 축제에 참여해 가마를 맞든 장정들의 도취와 불가사의한 열광에 매혹되면서도 그것이 두려워 도망쳤던 소년 미시마는, 훗날 장정들 사이에 끼어 가마를 맞들고 같은 고개를 들며 한 조각의 텅 빈 하늘이 내비치는 단순한 공허에 감탄하는 장년 미시마가 된다. 그에게 어떤 변화가 있었던 걸까? 폐쇄된 환상의 극장에서 스스로 소외되었다고 느꼈던 허약한 소년이 어떻게 〈모두와 같다〉는 보편성에 전율하고 육체적 실감을 예찬하는 뜨거운 태양 아래로 이끌려 갔는지, 모두 그의 문장으로 남겨져 있다.

『가면의 고백』은 실제와 허구 사이에서 쓰인 소설이다. 실제인 이유는 묘사된 행적이 그의 생애사와 거의 일치하기 때문이겠고, 허구인 이유는 소년기와 청년기의 미시마에게 가장 중요했던 문학과 글쓰기가 한 번도 등장하지 않기 때문이겠다. 그는 이 집요한 고백의 시도에서 소설가로서의 자신을 일부러 누락한다. 미시마에 따르면 『가면의 고백』은 〈완벽한 고백의 픽션〉이며, 〈여기에 적힌 것과 같은 생활은 예술이라는 지주가 존재하지 않는다면 순식간에 붕괴되는 성질의 것〉이다.

소설의 화자는 자신이 사람들을 상대로 연극을 한다고 여기며, 골방에 틀어박혀 외설적인 환상에 심취한다. 소설의 표면에서, 그는 사회적 자아와 동성애적 욕망 사이의 혹독한 분열과 자기기만을 형상화한다. 한편, 삶의 아슬아슬한 분열을 픽션으로 지탱하려는 작가-미시마가 소설 안팎에서 『가면의 고백』이라는 소설을 쓰고 있다는 사실을 주목하면 좋겠다. 작가와 작품의 관계란 대개 이와 같을 것이다. 작가는 고통스럽고 비겁한 자신의 삶을 묘사하거나 성찰하면서, 그러한 자신의 삶을 지탱할 현실적인 기둥을 얻는다. 픽션은 작가 자신에게는 쪼개지고 부서진 삶을 받드는 기둥이자 분열되고 붕괴된 삶을 수선하려는 노력이다.

생각해 보면 모든 자전 소설은 〈가면의 고백〉이다. 이는 단순히 가면 뒤에 숨겨진 진실한 내면을 솔직하게 털어놓는 일만을 의미하지 않는다. 작가는 진실된 내면을 온전하게 고백하는 일이 불가능하다는 사실을 알기에 가면이라는 픽션을 뒤집어쓴다. 〈고백의 본질은 불가능〉이지만, 작가는 자신을 해부하고 허구의 얼굴을 제작하는 가운데 얼굴 없는 혼란과 내면의 카오스에 〈서사적 질서〉와 〈타인을 향한 고백의 형식〉이라는 얼굴을 부여한다.

이렇게 생각하면 『가면의 고백』은 가면 뒤의 민낯을 드러내는 일에 목적이 있는 소설이 아니라, 분열되고 수치스러운 자신에게 어울리는 가면을 제작하기 위한 소설일 것이다. 이때 가면이란 고백의 불가능성 자체를 언어의 용광로 속에서 재구성하는 〈소설〉이며, 작가는 이 거짓말을 뒤집어쓰며 진정한 자신의 〈가면〉을 창조하게 된다. 소설이라는 〈고백의 픽션〉으로 독자가 만나는 것은 고백이 아니라 허구로서의 자기-서사화 프로젝트다. 결국 모든 자전적 소설은 날것 그대로의 고백이 아니라 자신을 서사화하는 작업이며, 자기 얼굴을 가리는 〈가면〉을 창조하는 일이다.

그러니 『가면의 고백』은 가면 뒤의 숨겨진 진실을 말하는 소설이 아니라, 고백의 형식을 통해 자신의 가면을 선취하려는 소설에 가깝다. 〈가면 뒤의 고백〉이 아니라 문자 그대로 〈가면이 하는 고백〉인 것이다. 작가에게 글쓰기란 무엇일까. 어쩌면 그것은 타인이 나를 향해 정상성의 승인과 비정상성의 낙인을 찍기 전에 먼저 내 얼굴에 직접 고안한 허구의 가면을 착용하는 일, 자신의 얼굴과 살갗을 선취하는 행위이리라는 생각이 든다. 『소설독본』에서 미시마는 〈소설가가 되려고 하거나 이미 된 사람은 인생에 대한 일종의 선취 특권을 확보한 것〉이라고 말한다. 〈그런 특권을 확보하는 일이 자신의 인생에 필요 불가결〉했으며, 이런 종류의 객관으로 무장하지 않고서는 인생을 살아갈 수 없다고 처음부터 예감한 인간인 셈〉이라고. 그는 『가면의 고백』을 통해 자신의 수치심과 불안정한 내적 분열을 내보일 수 있는 문학이라는 〈가면〉을 발명한 셈이다.

이렇게 생각해 보면, 죽음에 결박된 그의 소설은 인식하거나 경험할 수 없는 의식의 종말인 자신의 죽음을 객관적으로 선취하려는 미시마의 필사적인, 그러나 불가능한 시도처럼 느껴진다. 소설은 진실된 거짓말을 창조하는 일이라고들 한다. 〈남의 눈에 연기로 비치는 것이 나로서는 본질로 돌아가려는 욕구의 표현이고, 남의 눈에 자연스러운 나로 비치는 것이 곧 연기라는 매커니즘〉(『가면의 고백』)인 기만적인 삶의 조건 속에서 소설의 공간이란, 자신의 분열을 가능성으로 전환할 수 있는 뒤집힌 장소라는 사실을 그는 미리 눈치챘을지도 모른다.

문학이라는 〈가면〉은 인간의 비겁함과 추함을 가리는 거짓말이 아니다. 인간의 비겁함과 추함을 공표된 얼굴로서 타인에게 내보이는 특별한 공간, 은폐되었던 얼굴에게 정당한 현실의 위치를 부여하는 〈가면〉이다. 인간이 가진 악의와 기만을 직설적으로 노출하는 일을 두려워하지 않는 정직성은 분명 미시마가 가진 드문 재능이었다. 그리고 내가 서술할 미시마 또한, 진짜 미시마가 아니라 미시마가 생애 내내 뒤집어썼던 〈가면〉에 관한 나의 픽션일 것이다.

더불어, 나는 이 소설에서 그의 문학의 기원이기도 한 지독한 소외감과 단절감을 발견한다. 죽음과 아름다운 비극으로부터 열외된 자의 소외감. 미시마의 탐미주의는 독특한 성격을 갖는다. 그가 창조한 주인공들에게 현실의 미를 편안하게 관조하거나 내적 평상심 속에서 탐구하는 일은 거의 불가능하기 때문이다. 이들은 대개 미로부터 분리된 자신을 재확인하는 계기로서 미의 출현이라는 성스러운 폭력 앞에 노출된다. 이들은 미를 열렬하게 사랑하지만 동시에 미에 상처 입은 사람들이다.『가면의 고백』의 주인공,『금색』의 슌스케,『금각사』의 미조구치의 공통점은 추악하다는 것이며, 자신의 추악함을 끊임없이 의식한다는 점이다. 이때 미란 추악한 자신의 모습을 자각하도록 강제하는 위력으로 작용한다. 미로부터 탈락하거나 실추된 자만이 미를 인식할 수 있으나, 그것은 미로부터의 단절과 고립감을 되풀이해 자각하는 계기가 된다. 즉 미시마에게 미는 미의 불능을 드러내는 사태이며, 탐미는 화자의 질병일 뿐 미에 대한 순수한 관심과 탐구로 이어지지 못한다. 내가 아름다움을 알아보는 순간 아름다움도 나를 알아본다는 것, 내가 미를 훔쳐보는 순간 나도 미에게 보여진다는 것이다.

다시 말해 미시마의 탐미주의는 미로부터 유예된 자가 미적 대상에 도달할 수 없는 간극 속에서 미를 공상하거나 표현하는 일이다. 그것은 번번이 미적 대상이나 비극으로 나아갈 수 없는 인물의 열등감이나 두려움의 표현으로 수축한다. 미적 대상이 될 수 없는 자만이 미를 갈급하게 인식한다는 것, 미를 인식하는 자는 피로하고 고통스러운 자기혐오 속에서 미에 대한 사랑과 질투를 반복해야 한다는 식이다. 그렇기에 미시마의 탐미란 순수하게 미를 궁리하거나 미에 감응하는 모델이 아니며, 미적 대상으로부터 내쫓긴 스스로의 소외를 드러내는 매개, 미와 미를 인식하는 주체 사이의 불완전한 관계에 대해 묘사하는 수단이자 모순의 자각이 된다.

미시마의 문학은 이렇게 분열적인 양면성 속에서 진동한다. 한 측면은 미에 대한 섬세하고 사려 깊은 관심, 맹렬한 애착이다. 또 다른 측면은 미로부터 되돌아오는 소외감과 자기 부정의 공포감이다. 이를 창작의 과정으로 번안하면, 작가-미시마가 소설 속에서 아름다운 언어를 더 정교하게 완성할수록, 그것은 문학 속에 고립된 환상으로 남아 현실의 미와 동떨어지고 분리되는 사태가 발생한다고 말할 수도 있겠다.

그래서 미시마는 행동가가 되지 않고는 견딜 수 없는 작가다. 미시마가 언어를 경유해서만 미를 탐구한다면, 그것은 미적 대상에 가까워지는 과정이 아니라 자신의 환상 속으로 유폐되는 일, 미적 대상으로부터 열외된 자의 공포와 단절감을 증가시키는 계기로 발전할 것이기 때문이다. 육체미에 대한 그의 갈망은 그의 욕망이 어떤 대상을 미적 거리 속에서 흡족하게 관조하거나 향유하는 것이 아니라, 자기 자신을 미적 대상으로 탈바꿈시키는 일에 있었다는 점을 드러낸다. 훗날의 미시마는 〈금각〉을 우러러보는 자가 아니라 〈금각〉 자체가 되고자 하며, 비극을 재현하는 소설가가 아니라 비극을 실천하는 행동가가 되어 문학과 현실의 간극을 폐지하기를 원한다. 그는 끝끝내 작품 속으로 자신을 밀어 넣는다. 미시마는 할복을 통해 불타는 〈금각〉으로 변신하는 것, 미의 화신에 이르는 지점까지 자신을 밀어붙이는 것이다.

    미시마 유키오는 우리가 떠날 산책길을 먼저, 이렇게 걸었던 셈이다.

뜨거웠던 여름의 도쿄. 산책은 얼마든지 길을 잃어도 좋은 것이 아닐까. 그렇게 나타난 예상치 못한 풍경을 긍정하는 일이 아닐까.

II. 도쿄 산책

산책의 시작:
먼저 나리타 공항으로

도쿄를 처음 방문한 것은 스물다섯 때였다. 내게 도쿄는 빽빽한 빌딩 숲과 오피스, 애니메이션과 상업 인프라의 별천지다. 일본 청춘 영화에 등장하는 고즈넉한 풍경을 기대했던 내게 신주쿠역新宿駅 근방은 도시에서 길을 잃고 헤맨다는 말이 무엇인지를 절감했던 장소였다. 무거운 캐리어를 끌고 식은땀을 흘리며 몇십 개의 출구 사이를 돌아다녔다.

그때 나는 관광 책자 〈도쿄 제대로 즐기기〉 속 여행 루트를 착실하게 쫓아다녔다. 아사쿠사浅草 근처에 숙소를 잡고 센소지浅草寺에 들러 화려하고 이국적인 사원 내부를 구경했다. 센소지 뒤편 포차 거리에서 노릇노릇하게 구워진 야키토리와 생맥주를 마셨다. 생맥주와 일본은 내게 앙꼬와 찐빵이랄까(미시마를 따라 거닐면서도, 나는 매번 이자카야의 생맥주 한 잔, 두 잔, 어느새 일곱 잔 속에서 허우적거렸다).

도쿄 타워에 올라 보았던 찬란한 도쿄의 야경, 롯본기六本木 거리, 애니메이션 오타쿠로서의 가슴 웅장한 성지 순례를 위해 들렀던 아키하바라秋葉原, 오락실에서 뽑기로 얻은 꼬부기 인형, 새벽의 흥성거리는 라멘집, 하라주쿠原宿의 카페 거리를 걸었던 경험 또한 근사한 추억이다.

자전거를 빌려 주택이 밀집된 거리의 조용한 정취를 만끽했던 순간이 특히 좋았다. 도쿄는 모퉁이마다 새로운 풍경이 나타나는 도시다. 와글거리는 중심가가 이어지다가도 모퉁이를 돌면 한적하게 빈 골목이 나타난다. 공원은 쾌적하고, 연못에는 새파란 연잎들이 수면을 가득 채울 정도로 무성히 자라난다. 곳곳에 작은 신사를 표시하는 낡은 도리이가 서 있다. 뎅뎅 울리는 철길 건널목 앞에 자전거를 세우고 해 질 녘 노을을 통과하는 전철의 붉은 차창들을 올려다본다.

새벽 일찍부터 일어나 짐을 꾸렸다. 새로 샀던 빈 공책을 가방에 넣었다. 캐리어에 미시마 책들을 모두 집어넣었는데 무게가 상당했다. 아침 비행기였다. 밖에는 가랑비가 내렸다. 연착된 비행기를 기다리며 미시마의 『소설독본』을 읽었다. 도쿄로 떠나는 관광객들로 비행기는 만석이었다. 비행기를 타서는 그의 소설 「꽃이 한창인 숲花ざかりの森」(1941)을 휴대폰으로 읽다가 전날 밤 도착했던 내 소설의 교정지 파일을 검토했다. 옆자리에 앉은 귀여운 인상의 일본인 할머니가 함에 담긴 만주를 꺼내 먹는 모습을 곁눈질했다. 비행기 좌

석에서는 으레 설렘과 기원이, 약간의 근심과 불안이 공존한다.

히가시니혼바시역東日本橋駅 근방의 비즈니스호텔에 묵기로 했다. 7월의 도쿄는 이상 폭염으로 무더웠다. 섭씨 40도의 고온이 도시를 짓눌렀고, 장마 시즌이면 어쩌나 하는 우려를 불식시킬 만큼 화창했다. 조금만 걸어도 비오듯 땀이 쏟아져 티셔츠가 흠뻑 젖었다. 땀이 마른 자리에 하얀 소금기가 번졌다. 열흘 뒤 이 책에 실을 사진을 찍으러 동료 소설가 M이 넘어올 예정이었다. 매일 아침 일찍 일어나 촬영이 예정된 장소들 주변을 방황했다. 종일 미시마에 대해 생각하다가, 어슴푸레한 저녁이 되면 호텔 로비 카페에서 청탁받은 단편소설을 썼다. 호텔 근방에 편안하게 들를 맥줏집을 알아보려 주변을 어슬렁댔다. 결국 머리카락을 단정하게 기른 알바생이 있는, 교자와 가라아게가 맛있었던 아늑한 맥줏집을 발견했다.

미시마는 평생 도쿄에서 살았다. 그의 소설에는 우리에게도 익숙한 신주쿠나 긴자銀座 거리, 우에노 공원 上野恩賜公園이나 니혼바시日本橋, 도쿄대학의 캠퍼스가 자주 등장한다. 미시마를 상기하며 그 장소들 사이를 걸었다. 나는 여행자였고, 내가 먼저 말을 건네지 않는 이상 아무도 내게 말을 걸지 않는다. 그러나 내 가방 안에는 언제든 나와의 대화를 허락하는 미시마의 책이 들어 있었다. 세월이 흐른 지금의 도쿄에서, 미시마 또한 나와 똑같은 이방인이었다. 나는 골목 모퉁이로 사라지려는 그의 어렴풋한 뒷모습을 호기심 속에서 미행했다.

우리의 기억 속에 거주하는 죽은 사람들은 자신의 본모습을 보여 주지 않는다. 우리는 고작해야 그들의 뒷모습을 바라볼 뿐이다. 그들은 각자의 영원한 침묵 속에서 우리를 불안하게 하지만, 우리는 그들에 대한 흐릿한 기억 자체인 이 불안 속에서 그들을 이해하려는 가망 없는 노력을 반복한다. 그리고 그 노력에서 무언가를 배운다.

일본에 도착한 첫날, 〈풍요의 바다〉 시리즈의 마지막 작품인 『천인오쇠天人五衰』(1971)의 문고본을 구입했다. 미시마의 마지막 문장에서 여행을 시작하고 싶었기 때문이다. 네 권의 대하 장편소설 시리즈 〈풍요의 바다〉는 한 인물이 다른 역사적 시기와 장소에서 다시 태어나는 환생담이다. 주인공이 통과하는 네 번의 환생과 죽음을 목격하는 관찰자 혼다는 결국 말미에 한 사찰의 뒤뜰에 다다른다. 아득하고 허망한, 이야기의 구조를 무너뜨리는 충격적인 결말을 미리 들어 알고 있었다.

북적이는 카페에 앉아 미시마의 마지막 문장을 삐뚤빼뚤한 일본어로 수첩에 옮겨 적으니 서글픔과 쓸쓸함이 몰려왔다. 그러고는, 이곳에서 그를 회상할 준비를 마쳤다는 생각과 함께 이상한 안도감이 찾아왔다. 그가 쓴 마지막 문장의 일본어 원문을 곧장 파파고로 번역했다.

この庭には何もない。記憶もなければ何もないところへ、自分は来てしまったと本多は思った。
庭は夏の日ざかりの日を浴びてしんとしている。

이 정원에는 아무것도 없다. 기억도 없고 아무것도 없는 곳에 자신은 오게 되었다고 혼다는 생각했다.
고요한 정원은 여름의 햇볕을 쬐고 있다.

#산책길 1
– 비극을 동경하는 소년

- 1~5세(1925~1930) 도쿄 요쓰야 출생. 병약하여 어린 시절부터 여러 차례의 자가 중독 증상을 앓는다. 본가가 아닌 조모인 나쓰코 슬하에서 과보호를 받으며 성장한다.
- 6세(1931) 가쿠슈인 초등과 입학. 여전히 병약해 학교에 자주 결석했고, 급우들에게 따돌림을 당하기도 한다. 이 시절부터 시와 단가를 짓는다.
- 11세(1936) 황도파 청년 장교들의 쿠데타 〈2.26 사건〉 발생. 군인들이 가쿠슈인 등과 뒤편으로 행진했다.
- 12세(1937) 가쿠슈인 중등과 입학. 문예부원으로 활동하는 한편, 조모의 집을 떠나 요쓰야구의 본가로 돌아온다. 학보인 『보인회 잡지学習院輔仁会雑誌』에 첫 단편소설을 싣는다.
- 14세(1939) 조모 나쓰코 사망. 〈제2차 세계 대전〉이 발발한다.

1. 미시마 유키오 출생지
2. 신주쿠 교엔
3. 메이지 신궁
4. 가쿠슈인 초등과

산책과 함께할 책

『꽃이 한창인 숲花ざかりの森』, 1941

미시마가 열여섯에 발표한 데뷔작이다. 섬세하게 조형된 아름다운 문장들에서 앞으로 펼쳐질 문학적 재능이 예감된다. 이 소설로 당대 일본 낭만파 계열의 문인들에게 〈조숙한 천재〉가 나타났다는 극찬을 받는다. 병약한 소년이 아픈 할머니의 집에 기거하며 경험한 죽음의 분위기와 일본 전통문화에 대한 그의 그리움이 고풍스럽고 정제된 언어로 그려진다. 작중 화자는 자신이 태어나기 이전 시대, 아스카 시대 선조들의 문화와 고대 일본에 대한 낭만적 동경을 품는다. 이는 미시마 후기 문학에서 주로 발견되는 일본 전통문화에 대한 이상화라는 테마의 원형이다.

『태양과 철太陽と鉄』, 1968

미시마가 이치가야 주둔지에서 자결하기 2년 전 출간된 문학론 성격의 에세이다. 허약한 문학 소년이었던 미시마가 육체 단련을 시작하는 과정에서의 경험과 사상의 변화가 치밀하고 철학적으로 기술되어 있다. 〈태양太陽〉은 미시마가 사로잡혔던 어둠과 질병을 치유하는 힘이면서 그가 새롭게 발견한 생명과 광휘의 상징이다. 〈철鉄〉은 육체적 감각의 무게와 현실의 실감을 상징하는 아령을 뜻한다. 미시마는 이 책에서 어린 시절에 언어와 상상의 세계에 갇혀 있었다고 고백한다. 육체를 단련하고 나서 존재의 감각이 변했다고 이야기하며, 상상에서 현실로 도약하려는 의지를 드러낸다. 그가 어째서 문학가인 스스로를 불충분하게 느꼈는지에 관한 심리를 추적하게 만드는 주된 자료이며, 미시마의 후반기 문학관과 죽음 철학이 빼곡하게 담겨 있는 텍스트다.

함께 걸을 작가

오스카 와일드 Oscar Wilde, 1854~1900

아일랜드의 문인 오스카 와일드는 청소년기의 미시마가 깊이 영향을 받은 인물이면서 영문학과 퀴어 문학사의 기념비적인 작가다. 『가면의 고백』에서 와일드의 작품인 『도리언 그레이의 초상 The picture of Dorian Gray』(1890)과 『레딩 감옥의 노래 The Ballad of Reading Gaol』(1898)에 대한 오마주를 발견할 수 있다. 와일드의 작품에서 주로 발견되는 죄와 타락의 미학, 가면, 동성애, 인물에게 형벌처럼 나타나는 개성이라는 주제는 미시마의 소설에서 여러 방식으로 변주된다. 와일드가 동성애 혐의로 감옥에 수감된 이후의 비극적인 삶과 최후는, 청소년기 미시마에게 문학과 파멸의 결합이라는 낭만적인 이미지를 각인시켰을 가능성이 높다.

다니자키 준이치로 谷崎潤一郎, 1886~1965

다니자키는 『치인의 사랑 痴人の愛』(1924), 『슌킨 이야기 春琴抄』(1933) 등의 작품으로 한국 독자에게도 친숙한 대표적인 탐미주의 작가다. 일본 문학사에서 가장 아름다운 미문을 구사했지만 〈변태 할아버지〉라는 별명답게 여성 숭배와 마조히즘, 페티시즘적 퇴폐적 욕망의 세계를 그리기로 명성이 높다. 어린 미시마는 다니자키의 소설을 좋아했으며 열렬하게 탐독했다. 미시마는 자신의 문학에 깃든 다니자키의 영향을 인정하지만, 그의 비밀스럽고 일상적인 문체를 〈여성적〉인 것으로 간주하고, 논리적이며 냉철한 〈남성적〉인 문체를 추구하는 자신의 문학과 차별화한다. 다니자키는 현실 참여를 극도로 꺼렸으며 문학을 개인적인 에로스와 사적인 성도착, 취미의 세계에 위치시켰다. 반면 미시마는 후에 〈천황〉을 발견하고 현실 참여의 공간으로 격렬하게 나아간다.

1. 미시마 유키오 출생지　　三島由紀夫出生地

四谷パインクレスト
4 Chome-22-108, Yotsuya,
Shinjuku City, Tokyo

일찍부터 일어나 카페에 들러 얼음이 찰랑거리는 차가운 아이스커피를 마셨다. 쾌청한 날씨였다. 하늘은 구름 한 점 없이 맑고, 대기는 습했다. 바쁜 기색의 회사원들과 함께 만원 지하철에 탑승해 그들처럼 분주히 하루를 시작했다. 아케보노바시역曙橋駅에서 내렸다.

미시마가 태어났던 도쿄도 신주쿠 요쓰야구 4초메는 부촌의 주택가이다. 신주쿠역新宿駅에서 신주쿠 교엔新宿御苑 쪽으로 걸으면 30분 정도 소요된다. 나는 신주쿠역을 통하지 않고 호텔에서 가까운 아케보노바시역으로 가는 경로를 택했는데, 왼쪽인 A2번 출구로 나가면 미시마가 출생한 장소로 이어지고, 오른쪽인 A1번 출구로 나가면 이후 미시마의 죽음을 취재하러 다시 방문할 일본 방위성으로 이어진다.

한적한 골목길에 샌드위치를 파는 조그만 가게들이 듬성듬성 자리 잡고 있었다. 그림자가 선명한 오르막길을 오르며 일본 주택가 특유의 정취를 만끽했다.

미시마가 태어난 주소에는 특별히 집터나 생가가 보존되어 있지는 않았다. 비좁은 골목 모퉁이에 현대식 맨션이 자리해 있을 뿐.

미시마 태어난 주소에는 좁은 골목 모퉁이에 현대식 맨션이 그 자리를 차지하고 있을 뿐 집터나 생가가 보존되어 있지는 않았다. 주민이라도 만나면 미시마가 태어난 장소가 맞느냐고 물을까 했지만 아무도 나타나지 않았다. 햇볕을 받는 맨션 입면이 밝게 빛났다.

미시마는 1925년 1월 14일에 태어났다. 본명은 히라오카 기미타케平岡公威. 그의 할아버지와 아버지는 도쿄대 법학부를 나온 엘리트이자 고위 관료였고, 할머니 나쓰코는 화족 집안 출신이었다. 그의 집은 일본식 가옥과 서양풍 양식이 반반씩 섞인 2층 가옥이었다. 식모와 하인이 여럿 있었다. 『가면의 고백』에 따르면 가세가 기울어 부채가 많았다지만, 미시마는 도쿄의 중심부에서 태어난, 집안이 애지중지하는 관료 가문의 장남이었다.

미시마는 전쟁 전에 출생해 전후까지 활동했던 일본 작가들 가운데 단연 우수한 출신과 배경을 가진 〈도쿄 토박이〉였다. 다자이와 오에가 각각 아오모리青森県와 시코쿠四国에서 상경한 시골뜨기였다는 사실과는 대비된다. 미시마는 『나의 편력 시대私の遍歴時代』(1964)에서 화족 여성이 화자로 등장하는 다자이의 『사양斜陽』(1947)에 관해 언급한다. 소설에 묘사된 당대 화족의 풍속이나 말투가 자신이 경험한 실제와 너무 다르다면서, 도시로 상경한 촌스러운 시골 소년 냄새가 난다고 신랄하게 비판한다. 콧대가 높고 자부심이 넘치는 미시마의 도련님 모멘트가 아닐 수 없다. 다자이 또한 요즘으로 따지면 지방 유지 출신이라 배경이 일천하다고까지는 이야기할 수 없겠지만, 미시마는 다자이가 담장 너머로 바라보았던 일본 화족의 취미와 생활 양식을 직접 누렸던 모양이다.

미시마가 소년기에 집필한 소설인 『꽃이 한창인 숲』은 자신의 내부에 살아 숨쉬는 선조들의 숨결을 언급하며 시작된다. 자신의 핏줄에 잔존하는 기원의 시간을 미려한 언어로 그리는 이 작품에는 어린 화자가 나오는데, 그는 현대라는 진창에 의해 더럽혀진 선조들의 시간을 안타까워하면서 머나먼 과거로 돌아가고 싶은 회귀 충동에 사로잡힌다. 전통적 가치가 조잡하게 훼손되었다고, 전래된 선조들의 미의식이 현대에 와서 단절되었다고 생각하는 것이다. 미시마는 선조의 시간을 자신이 애타게 그리워하는 동경의 근원이자 자신에까지 유구하게 이어지는 강물로 묘사하며, 직접 경험하지는 않았으나 핏줄에 깃든 아득한 과거의 시간을 환상적으로 감각한다. 미의 고향, 기원으로서의 과거를.

소년기에 쓰인 이 소설에서도 그의 최후가 어른거린다. 분마奔馬, 즉 〈달리는 말〉의 이미지 덕분이다. 『꽃이 한창인 숲』의 서문에는 훗날 『달리는 말』에서 순정한 할복을 갈망하는 이사오의 눈앞에 다시 출현할, 더럽혀지지도 억압되지도 않은 하얀 말의 환영이 나타난다. 이 말은 사나운 숨을 내쉬며 현재라는 진창을 달린다. 현대에 출현한 말은 오염되었지만, 화자는 오직 무구하게 대지를 달리는 순백의 말을 꿈꾼다. 선조들이 하얀 말과 같은 사람을 찾아 헤매고 있다고 말하며, 어쩌면 그 사람이 자신이지 않을까 기대한다. 아름다움은 수려한 분마라고, 문학 소년 미시마는 단언한다.

출생지여서 그랬는지, 『가면의 고백』의 인상적인 첫 장면이 떠올랐다. 학창 시절의 미시마는 탄생의 순간을 기억한다고 말하고 다녔던 특이한 소년이었던 모양인데, 소설의 화자 역시 탄생의 순간에 대한 이야기를 시작한다. 어른들은 〈얘가 나를 놀리는〉 게 아닌지, 〈꿍꿍이로 덫을 놓는〉 건 아닌지 의심하면서 어린 화자의 말을 불신한다. 자신이 간직한 진실을 꺼내 놓았을 때 그것이 타인의 눈에 거짓말로 비치는 상황, 혹은 자신에게는 거짓말인데 타인의 눈에는 자연스러운 진실로 이해되는 상황은 이 소설의 전반적인 주제다.

그러나 자신의 탄생을 기억하는 일은 불가능하다. 인간의 삶에서 그 시작과 끝인 탄생과 죽음은 가장 중요한 경험이지만 결코 소유할 수는 없다. 〈생과 사라는 결정적인 경험을 체험하는 나〉란 실은 타인의 증언으로 성립한다는 점에서 인간은 자신의 삶을 지배할 수도, 장악할 수도 없다. 철학적으로 이야기하면 탄생과 죽음은 자아의 불가능성을 보여 주며, 주체가 타자에 의존적이라는 사실을 드러내는 사건이다.

만일 누군가 탄생의 순간을 기억한다고 말한다면, 그 순간은 신화적으로 재구성된 허구일 확률이 높다. 다시 말해 어떤 자서전도 탄생의 순간을 직접 증언할 수는 없으며, 탄생이란 타인이 내게 알린 정보에 기반한다. 이때 앎의 시소는 타인 쪽으로 기울어진다.

미시마의 〈문학적 자서전〉은 자신의 탄생을 미학적인 환상으로 채색하면서 시작되는 특이점을 가진다. 그는 어른들—타인들—의 〈네가 가진 탄생의 기억은 거짓말〉이라는 말을 믿지 않고, 오히려 자신의 불가능한 기억을 강렬하게 좇으며 그 아름다운 판타지와 내적으로 연결된다. 이 기억이란 『가면의 고백』의 화자에게 의심의 여지조차 없이 확실한 것, 타인에게 납득될 수는 없지만 또한 자신의 눈으로 직접 목격한 것처럼 진실된 것이다.

출생의 순간 미시마는 빛이 찰랑거리는 황금빛 대야 안에서 목욕한다. 성령의 기름 부음이나 세례를 연상시킬 정도로 과도하게 성스럽고 찬란한 장면인데, 소설 속 미시마 또한 이 장면이 거짓일 가능성을 안다.

동행한 M과 석등 위에 동전을 올리고 잠시 조촐한 기념 의식을 가졌다.

그러나 이 망각과 무지의 구멍은 그가 재구성하고 고안한 허구의 충만한 빛으로 빈틈없이 채워진다. 그가 기억하는(혹은 만들어진) 미적 장면 앞에서 사실 여부는 별로 중요하지 않다. 미시마는 마치 강렬한 태양 앞에서 시력을 상실한 사람처럼 이 아름다운 장면을 믿고, 아름다운 거짓말로 자신의 탄생을 직접 증언한다. 타인들이 네가 태어난 시간은 한밤이라고 말하며 그 기억을 폄하해도 오히려 그들의 하찮은 진실을 거짓말로, 아름다운 거짓말을 진실로 이해했을 것이다.

우리는 미시마가 자신의 죽음을 미리부터 재현한 작가라는 사실을 안다. 탄생을 유려한 허구로 채색했듯이, 그는 탁월한 언어적 재능으로 「우국」이나 『달리는 말』에서 자신의 죽음을 승화시킬 미학적인 허구를 미리 준비해 두었다. 장렬하고 강인하며, 순결하며 탐미적인 죽음의 드라마를 말이다. 물론 어린 미시마의 말을 믿지 않았던 어른들처럼, 우리는 그가 연출한 죽음의 허구를 의뭉스럽게 바라볼 수밖에 없다.

출생지에서 미시마의 흔적을 찾지 못해 낙담한 찰나, 맨션 뒤뜰로 걸어가자 건물과 건물 사이 틈새로 작은 정원이 보였다. 아담한 나무 몇 그루가 그늘을 드리운 그 정원에는 출생지임을 기념하는 석등 하나가 놓여 있었다. 건물과 건물 사잇길에 숨은 정원이었기에 더 특별했다. 동행한 M과 석등 위에 동전을 올리고 잠시 조촐한 기념 의식을 가졌다. 골목길을 벗어나 신주쿠 교엔 쪽으로 걸었다. 미시마가 묘사했던 대야 속 빛의 황금색 물결이 머릿속에서 어른거렸다.

2. 신주쿠 교엔   新宿御苑

11 Naitomachi,
Shinjuku City, Tokyo

미시마 출생지에서 도보로 15분 정도 걸으면 도쿄를 대표하는 공원 중 하나인 신주쿠 교엔에 도착한다. 도쿄를 찾은 관광객이라면 한 번쯤 둘러보았을 명소다. 일전에 방문했을 땐 봄철이라 하얀 벚꽃이 만개했다. 나무 아래 돗자리를 빌려 친구와 자리 잡고 앉아 편의점 도시락과 달콤한 카스텔라를 먹었다. 이번 여름엔 눈부신 초록 잔디밭이 강렬한 태양 빛 아래 드넓게 펼쳐져 있었다.

공원은 일본식, 프랑스식, 영국식 정원으로 각각 꾸며져 있다. 입구 근처에는 대온실도 있다. 곳곳에 인공 폭포가 있어 시원한 물소리와 함께 식물들의 풋풋한 냄새를 들이마시며 걷기에 좋다. 대온실을 빠져나와 프랑스 정원의 알록달록한 꽃밭들 사이를 배회했다. 더위 때문에 탈진한 상태로 드넓은 풀밭을 가로질러 메이지 신궁으로 향하는 입구를 찾았다. 햇볕이 뜨겁게 이글거렸다. 아름드리나무 그늘 아래 연인들이 책

미시마 출생지에서 도보 15분 거리에 있는 신주쿠 교엔, 방문했던 여름에는 평평하고 눈부신 잔디밭이 드넓게 펼쳐져 있었다.

을 곁에 두고 잠들어 있었다.

어린 미시마에게 뜨겁게 내리쬐는 일광은 금기였다. 그는 어린 시절 구토와 실신을 동반하는 자가 중독 증상을 여러 차례 앓았던 창백한 소년, 〈촛불〉이나 〈퍼렁이〉라는 별명으로 불리는 허약한 소년이었다. 할머니 나쓰코는 병약한 손자를 과보호하며 바깥 활동을 막았고, 할머니 집에 드리운 컴컴한 어둠 속에서 미시마는 수많은 책을 탐독했다. 예술가적 기질과 소양을 가진, 그러나 히스테리 증상과 신경통 발작을 앓던 예민한 할머니 손에서 자랐던 아이. 나쓰코는 미시마에게 화족 취미의 교육을 시켰고, 우아한 화족 소년으로 키우려 했다. 이는 미시마의 첫 번째 〈교양 수업〉이자 〈예술 교육〉이었겠지만, 배경에는 음울한 집의 어둠이 있었다.

훗날 떠날 세계여행에서 태양을 발견하고 육체 단련에 몰두해 건강해질 때까지, 미시마는 스스로가 태양으로부터 유리되었다고 느끼는 〈태양 콤플렉스〉에 시달렸다. 이는 작열하는 태양을 향한 이상한 집념을 가리킨다. 태양이 금지되었던 어린 미시마와 훗날 선박 갑판 위에서 일광욕을 즐기며 드디어 어두운 동굴에서 나와 태양과 악수하며 깊은 감격을 느끼는 청년 미시마의 차이는, 태양과의 관계를 재설정하는 일이 그의 성장담에서 꽤 중요하다는 사실을 암시한다.

태양으로부터 도망친 『가면의 고백』 속 화자는 깊은 어둠 속에서 혼자만의 망상적 쾌락에 몰두한다. 숨겨진 자신의 모습에서 욕망의 진실을 발견한다. 문제는 화자가 이를 끔찍하며 기만적으로 여긴다는 점이다. 그는 왜곡된 자신을 태양 아래에 노출하지 못하고, 부적합한 자신의 추함을 사회적 가면으로 은닉한다. 미시마에게 책들만 가득한 서재의 어둠은 작가의 질병을 길러내는 장소이며, 문학은 그 질병과 은밀하게 공모한다. 그는 이런 스스로에게서 놓여나고 싶었고, 환한 태양의 은총 아래에서 제 욕망의 진실을 적나라하게 드러내길 원했다. 『금색』의 주인공이자 게이인 유이치가 거듭 호소하듯 그는 〈비밀에 지친〉 것이다.

니체가 언급했으며 미시마 또한 자주 인용했던 〈아폴론적인 것〉과 〈디오니스적인 것〉의 이분법에 따르면 아폴론은 태양과 질서를 대표하는 신이며, 디오니소스는 밤과 무질서를 대표하는 신이다. 아폴론은 고전주의의 신이며, 디오니소스는 낭만주의의 신이다. 아폴론은 이성과 로고스의 신이며, 디오니소스는 예술과 향락, 황홀경과 파토스의 신이다. 미시마에게 아폴론은 환한 태양 아래 벌거벗은 채로 건강하고 의젓하게 서서 수평선을 바라보는 존재, 디오니소스는 캄캄한 어둠 속에서 병약한 자신을 감추며 대낮의 세계를 향한 은밀한 반역을 도모하는 존재다. 청년기까지의 미시마는 아폴론을 동경하는 디오니소스, 혹은 디오니소스적 반역을 동경하는 초라한 수도사였다.

그러나 훗날 장년의 미시마는 정신과 육체의 조화를 추구하며 어둠이 아니라 태양을 숭상하고, 신성한 태양 아래서 자신을 둘러싼 어둠을 정화하는 시도를 한다. 그는 기독교의 태양이 아닌, 자신의 이단적 욕망을 긍정할 다른 태양을 찾아다닌다. 그리스 신화에서의 남신 아폴론을, 일본 전통 종교의 태양신이자 초대 천황인 아마테라스 오미카미를, 유혈과 죽음을 공양하는 제단 위로 내리쬐는 고대의 경이로운 태양을. 후에 방문할 그의 자택 정원에는 아폴론의 전신상이 서 있다.

『꽃이 한창인 숲』을 바탕으로, 어린 미시마가 살던 침체되고 어두컴컴한 가옥을 떠올린다. 열차의 기적 소리를 들으며 폐쇄된 집 안에 갇힌 화자는 열차가 달려갈 선로 너머의 세계를 선망한다. 그러나 기적 소리는 어느 순간 천식 발작으로 바뀌고, 병색이 완연한 할머니의 신음과 탄성이 단조롭게 울려 퍼진다. 집은 안개처럼 흩어진 질병의 징조에 점령된다. 어린 화자는 부름을 받고 아픈 할머니 곁에 무릎을 꿇는다. 할머니가 내민 물약 병을 기울인다. 손이 굳고 떨려 약이 잘 나오지 않는다. 흐르지 않는 병에서 화자는 초조와 불안을 느낀다. 기울어진 병에 가정의 병病이 비친다.

화자에게 할머니의 집은 질병과 죽음이 서로를 뒤쫓으며 음침한 어둠 속에서 헤매는 미로가 된다. 화자는 살갗에 병이 닿은 것 같으면 손가락이 쭈글쭈글하게 불 때까지 손을 씻는다. 그토록 선망하던 선조들의 전통은 가계 내에서 쇠퇴했고, 부르주아적인 허영심에 물든 어머니에게서 일본의 전통적 긍지는 사라진 듯하다. 어린 화자는 애상감을 느낀다. 화자는 자신의 얼굴에서 고대로부터 계승된 선조들의 자취를 알아보려 애쓰지만, 쉽지는 않은 일이다.

미시마 역시 〈늘 닫혀 있고 질병과 노년의 냄새로 숨 막히는 조모의 방에서, 병상에 나란히 이부자리를 펴〉고 자랐다. 삶과 죽음의 경계를 오르내리며 〈나를 향해 다가오는 질병의 발소리를 통해 그것이 죽음과 가까운 병인지, 아니면 죽음과 거리가 먼 병〉인지를 가늠했다고 한다. 하지만 미시마는 할머니 나쓰코에 대해 마냥 부정적이지만은 않았다. 그는 할머니를 〈고집스럽고 꿋꿋한, 혹은 미친 듯이 시적인 영혼의 소유자〉였다고 평가한다. 할머니에 대한 연민과 사랑이 느껴지는 구절이다. 이어 할머니의 과도한 예민함이 무관심했던 〈조부가 장년 시절에 저지른 죄의 유물〉이었다고 덧붙인다. 벗어나고 싶었던 할머니의 집에서, 어린 미시마는 할머니에게 드리운 짙은 그늘을 읽었다. 이를테면 가부장적인 억압이나 화족으로서의 좌절된 긍지, 향수병, 신경쇠약과 그로 인한 히스테리를.

　공원의 눈부신 일광 속을 가로지르며, 태양 아래를 활보하게 된 드라큘라 미시마를 상상했다.

3. 메이지 신궁 明治神宮

1-1 Yoyogikamizonocho,
Shibuya, Tokyo

하라주쿠 거리 근방에 있는 메이지 신궁은 신주쿠 교엔에서 가깝다. 메이지 유신으로 유명한 메이지 천황과 쇼켄 황후를 기념하는 종교 시설이다. 을사조약과 한일 병합 조약도 그의 재위 기간에 벌어진 사건이었다. 썩 내키지 않은 듯한 표정의 M을 데리고 입구의 거대한 통나무 도리이를 지나 드넓게 조성된 인공림을 걸었다. 더위로 지친 터라 무성하며 서늘한 그늘이 감사할 따름이었다. 처음엔 평범한 숲길 같았지만 신궁의 본당, 즉 메이지 천황 부부가 배향된 장소를 향해 들어갈수록 은밀해지는 광활한 인공림이 종교적 느낌을 자아냈다. 숲속에 안치된, 신성한 영혼을 만나는 여정을 의도한 배치일 테다.

이곳도 나에게는 두 번째 방문이었다. 처음 왔을 때는 출입이 금지된, 일본식 화려한 상아색 지붕을 얹은 본당 안쪽으로 청결한 햇살이 비치는 장면을 오랫동안 바라봤다. 울타리 너머 적막한 본당 안쪽은 주변이 왁자지껄했음에도 세속과의 경계가 뚜렷했다. 이 장소를 이번 산책길에 넣은 이유는 이곳이 〈신궁神宮〉이기 때문이다. 고대로부터 일본 천황은 〈현인신〉으로 여겨져 인간임에도 신격을 부여받았고, 일본의 전통 종교인 신토神道의 중심이었다. 메이지 신궁 역시 단순한 기념관이 아닌, 죽어서도 신격을 잃지 않은 메이지 천황을 추모하고 참배하는 사원이다. 한국에도 이런 공간이 있나? 그러니까 나는 미시마의 〈천황주의〉를 이해하기 위해 이곳에 있다.

나는 전쟁 중에 태어난 인간입니다. 어릴 때 이런 곳(단상 위 의자)에 폐하가 앉아 계시면서 세 시간 동안 전혀 미동도 없는 모습을 보았습니다. 아무튼 세 시간 동안 목석처럼 전혀 미동도 안 하셨습니다. 졸업식에서 말입니다. 나는 그런 천황으로부터 시계를 받았습니다. 이런 개인적인 은고가 있는 거죠. 나는, (웃음) 말하기 싫지만 인간의 개인적인 역사 속에는 그런 일이 있는 겁니다. 그리고 그런 일은 아무리 해도 내 속에서 부정할 수 없어요. 아주 훌륭했죠, 그때 천황은.
—『미시마 유키오 對 동경대 전공투 1969-2000』 중에서

이야기를 시작하기 전에 먼저 짚고 넘어갈 점이 있다. 패전 이후 헌법이 개정되기까지 일본인들은 일본 제국의 국민 교육 헌장인 〈교육칙어敎育勅語〉를 통해 천황의 안녕과 황실의 억조창생을 수호하고 충의를 다하는 황국 신민으로 육성되었다. 이를 식민지인 조선인에게 강요했던 것은 물론, 천황에 대한 멸사봉공을 도덕의 제일 원칙으로 강조한 교육 칙어 자체가 일본군의 잔학한 폭력을 정화하는 작용을 했다. 태평양 전쟁 당시 죽을 각오로 미군에게 〈반자이 돌격バンザイ突擊〉을 했던 일본군이나, 자살 테러를 일삼던 특공대의 극단적인 자기희생의 바탕이 이러했다. 배후에는 국민을 전장의 죽음으로 내몰던 일본 군부와 천황제 이데올로기가 있었다.

태평양 전쟁 당시, 미국과의 전황이 나빠진 일본 군부는 오키나와섬에서의 결사 항전, 이른바 〈옥쇄玉碎〉를 명령한다. 옥쇄는 〈옥처럼 아름답게 부서진다〉라는 뜻이다. 오키나와섬에서의 패배는 처음부터 명확했다. 그러나 일본 군부는 본토 침략의 위험을 막고 훗날 있을 미국과의 협상에서 유리한 위치를 점유하기 위해 수많은 군인과 민간인들의 죽음을 방치했고, 이 죽음은 고스란히 황실에 대한 절개와 충정으로 날조된 채 이후에도 많은 이들을 자살하게 만드는 무의식적인 토대가 되었다. 오키나와섬에서 양쪽 군대에 벌어진 살육의 참상은 두 차례의 원폭 투하라는 또 다른 거대한 폭력의 트리거가 되었다. 폐허가 된 남국의 섬에 강제 징용된 조선인들과 위안부 여성들이 있었음은 물론이다.

오키나와섬 항전은 미군과 일본군 모두에게 끔찍했다. 영광이 죽음으로, 죽음이 영광으로 둔갑하는 처참한 아귀 지옥이 펼쳐졌다. 항전하던 군인들은 포로가 되느니 차라리 할복이나 순사를 택했다. 민간인 피해자만 해도 수만이 넘었지만, 일본인들은 미군이 섬에 진입하면 자신들의 가족을 고문하고 능욕하리라는 유포된 두려움 속에서 마을 단위의 집단 자결을 선택하기도 했다. 할 말을 잃게 만드는 어마어마한 정념, 인간을 무더기로 죽음에 이르게 만드는 소스라칠 만큼의 거대하고 참혹한 정념이 천황과 일본 군부를 바탕으로 전개된 것이었다. 떠올릴 때마다 온몸에 소름이 돋을 정도로 무섭고 두렵다.

미국 점령기 이후 〈인간 선언〉으로 전통적인 권위를 잃고 대중 사회화된 천황을 〈인간 천황〉이라고 부른다면, 미시마가 주장했던 것은 근대 이전부터 일본을 감쌌던 정신의 구심점인 〈신성 천황〉의 복권이었다. 물론 그는 현대 민주주의 사회에서 천황이 전통적인 의미의 신일 수는 없다는 생각에 동의했지만, 전통

메이지 신궁. 울타리 너머의 적막한 본당 안쪽은 주변이 왁자지껄했음에도 그런 세속과의 경계를 뚜렷이 갈랐다.

적 미의식인 〈미야비雅び〉가 도달하는 절대적인 주체이자 고대의 태양신 신화로부터 일본의 문화적 동일성을 발산하는 〈문화 개념으로서의 천황〉을 주장했다. 그는 천황이 일본의 문화적 전통의 기원을 대표하는 주체, 문화의 중심이자 권위적인 상징으로서 존속하는 실체이기를 바랐다. 미시마가 주장한 〈천황〉이란 서구 근대적인 가치관이 수입되기 전부터 존재했던 일본인 고유의 전통과 문화에 대한 그의 집요하며, 정치적으로는 위험하기 짝이 없는 애착과 맹종의 표현이다. 훗날 그는 천황과 일본을 수호하기 위해 천황과 일본 사회에 반항하는 작가로 자신의 정치적 선택을 정당화했다.

아무것도 제약하지 않고 초월적인 영역에서 광범위한 일본의 미를 보증하고 긍정하는 주체, 가와바타에게 보낸 편지에서 언급한 〈아름다움의 신〉. 미시마에게 천황이란 일본 공동체의 정체성을 구성하는 원리이자 일본 정신의 생명력을 운반하는 신화적 픽션이다. 보통의 신이 기독교 십계명처럼 규율과 금지를 명령하는 존재라면, 미시마의 신(천황)은 규율과 금지에 대한 위반, 무질서와 죽음까지가 포함된 형체 없는 일본적 미를 아우르는 존재다. 서구의 신이 율법과 제도로 선악을 규정하고 금지하는 도덕적인 신이라면, 미시마의 천황은 생명과 원초적인 충동에 찬동하며 희생 제의와 에로티시즘으로 믿음을 강변하는 무절제한 고대의 신에 가깝게 여겨진다.

미시마는 조르주 바타유의 소설인 「마담 에드와르다Madaume Edwarda」를 빌어 자신이 감탄하는 탐미적 신성, 〈에로틱한 강림 체험〉이 출현하는 순간을 그린다. 그에게 〈에로티시즘 체험에 내포된 신성성〉은 언어를 통해 도달할 수 없는 것이며, 소설가는 그러한 불가능한 과업에 도전하는 사람일 것이다. 따라서 〈신이라는 침묵의 언어화〉는 작가의 가장 큰 야심이다. 〈절망과 고뇌, 그 전적인 육체적 표현인 에드와르다의 경련하는 흰 나체〉 앞에 서서, 혹은 〈존재의 충만과 과잉 사이의 균열)과 접촉하며, 그는 신에 다다르려는 헛되고 무모한 인간의 시도와 신을 향해 조마조마하게 팔을 뻗는 작가의 고통스러운 환희를 상상한다.

메이지 신궁 가는 길. 거대한 통나무 도리이를 지나 드넓게 조성된 인공림을 걸었다.

산책길 1 비극을 동경하는 소년

4. 가쿠슈인 초등과　　　学習院初等科

1 Chome-23-1, Wakaba,
Shinjuku City, Tokyo

요쓰야역四ッ谷駅에서 하차해 가큐슈인 초등과까지 걸었다. 그 맞은편에는 네오바로크 양식으로 건축된 아카사카 이궁赤坂離宮이 있는데, 외양이 오스트리아 여행에서 보았던 합스부르크 왕가의 황궁에 뒤지지 않았다. 지금은 외국에서 온 국빈을 접대하는 영빈관으로 쓰인다. 관광객에게도 개방되는 장소로, 일본 한복판에서 반짝거리는 샹들리에와 붉은 커튼으로 장식된 화려한 유럽 궁궐을 만끽할 수 있다.

가쿠슈인 초등과는 안전 문제로 외부인의 출입을 금지한다. 하는 수 없이 초등학교 맞은편 벤치에 앉아 있었는데, 마침 하교 시간이라 몇몇 아이들이 데리러 나온 엄마 손을 잡고 골목으로 사라졌다. 교복 차림으로 네모난 가방을 메고 깡충거리며 종알대는 아이들의 일본어가 귓속을 맑게 굴러다녔다.

가쿠슈인은 패전 이전에는 궁내성 산하의 관리를 받은 관립 학교로서 황족과 화족이 주로 다니는 학교였다. 미시마는 할머니 나쓰코의 강력한 의지로 가쿠슈인에 입학했다. 미시마에게 일본 화족과 동일한 교육을 시키고 싶었던 나쓰코의 의지가 느껴진다.

> 내가 어린 시절부터 인생에 품었던 관념은 단 한 번도 아우구스티누스풍의 예정설의 선을 벗어나지 않았다. 수없이 무익한 망설임이 나를 괴롭혀 왔으며, 지금 나를 괴롭히는 망설임 또한 일종의 타락의 유혹이라고 생각하면 나의 〈결정론〉에 흔들림은 없었다. 나는 내 평생 불안의 총계의 메뉴판을, 아직 그것을 읽을 수 있기도 전에 받아 버린 것이다.
> ─『가면의 고백』중에서

말년의 미시마에게서 소년 미시마를 떠올리기란 쉽지 않다. 인산인해로 강당을 메운 도쿄대 학생들 앞에서 혈혈단신으로 호방하게 마이크를 들고 설전을 펼쳤던 미시마는, 친구도 적고 체구는 가냘프며 유달리 기죽은 울적한 아이였다. 얼굴을 가린 책 귀퉁이 사이로 쾌활하게 반짝이는 동급생 무리를 동경하는 침울한 소년. 그 동급생 중 몇몇은 태평양 전쟁 시기의 여름을 넘기지 못하고 사망했다. 미시마는 살아남았다. 그는 죽음의 대열에 끼지 못한 자신의 생존을 기질적인 나약함 때문이라고 생각하며 깊이 자책했다.

비실비실하고 소심해 때로는 따돌림의 대상이 되었을 어린 미시마. 육체적 콤플렉스와 결핍에 대한 남다른 자각이 그에게 탁월한 문학적 재능을 선사했음을 부인할 수 없다. 그의 소설이나 『태양과 철』 속 유년기 체험에는 소외감을 미에 대한 관심과 창작 열정으로 전환했음을 유추할 수 있는 서술이 가득하다. 그는 결핍의 빈자리를 탐미적인 상상력으로 채웠다. 현실의 육체로 달성하지 못할 미와 비극을 언어를 통해 가공하는 일을 자신의 타고난 고통스러운 〈개성〉의 결과라고 여겼다. 소외가 아름다움을 분명히 알아볼 문학적 시선을, 매번 상처를 주었던 아름다움이라는 열병을 선물했던 것이다. 자신의 육체적 현실로는 〈미〉를 소유할 수 없다는 사실이, 언어를 빌어 정교하고 내밀한 〈미〉에 가까워지고 싶다는 욕망의 원천이었다.

따라서 그에게 〈미〉는 찬란하게 불타는 갈증과도 같은 것이다. 그의 경우 이 갈증은 도달할 수 없는 환상에 대한 황홀한 도취, 〈인공적인 미〉에 대한 치밀한 탐구와 창조의 열정으로 이동한다. 보통 사람이라면 그렇게까지 간절하게 욕망하지 않았을 타인과 세계의 에로스를 원고지라는 소외의 공간에 꼼꼼히 필사했다. 그곳에서 〈비극〉에 관한 숭고한 환상도 눈덩이처럼 불어났다. 무능한 육체와 자기혐오 속에 언어의 〈금각〉이 깃든다는 사실은 아이러니하다. 그래서 그의 소

가쿠슈인 초등과. 안전 문제로 외부인의 출입을 금지한다.

년 시절을 상상하면 씁쓸한 느낌이 든다. 미시마의 미가 이렇듯 미와의 단절감을 바탕으로 한다는 사실이 그가 가진 진정한 〈비극〉의 내용이었을 테다.

유년 시절이 기록된 『가면의 고백』의 1장은 앞서 언급한 〈불안의 총계의 메뉴판〉에 관한 이야기다. 우리는 거기서 예정설이자 결정론처럼 이후 미시마의 이후 삶과 문학을 이해하는 단서를 발견한다. 자신의 이후 삶을 암시하는 유년기 기억들을 도입부에서 나열한다. 중심 테마인 퀴어적 욕망, 즉 기만자로서의 자신을 탄생시킨 원인이자 기원의 단서들인데, 이는 단순히 이야기라기보단 〈미시마 유키오〉라는 문제적 인물을 있게 한 유년기의 체험을 의사에게 진술하는 내담자의 고백처럼 보인다.

미시마의 삶과 죽음을 이해하기 위해 하나의 역설을 꼭 기억하고 싶다. 문학을 한다는 건, 일상 속 가면을 뒤집어 〈문학의 가면〉을 제작하는 일이라는 것. 미시마는 가면 뒤 부도덕한 진실을 고백한다. 여기서 획득되는 역설은 그런 증상의 고백을 통해 그가 비로소 문학적인 주체(시인)로서 가면을 완성하게 된다는 사실이다.

일상의 공간에서 우리는 정상성의 가면을 쓰고 있지만, 문학의 공간에서 우리는 비정상성의 가면을 쓴다. 일상에서 내면의 분열은 숨겨야 마땅하며, 우리는 기만적인 정상성의 가면에 예속된 채 살아간다. 문학이란 반대로 기만적인 정상성은 숨기고 내면의 고통과 모순을 문학적 주체라는 허구의 가면으로 명확하게 드러나도록 유도하는 공간이다. 그것은 미시마에게 〈삶의 회복술〉이자 〈거짓말을 방목〉하는 과정이다. 일상 속 그의 거짓말은 자신을 고통스럽게 했지만, 문학의 존재론인 거짓말이나 가면은 고통스러운 삶을 복구하는 과정이 될 수 있다.

이 소설에 동성애 편력이나 구체적인 악행이 사건으로 등장하지 않는다는 사실에 주목해 보자. 그가 막상 하는 일이라고는 성적 몽상을 거듭하며 방에서 혼자 자위하거나, 이성 연인을 진정으로 사랑하지 않는다는 사실에 내적으로 갈등하며 거짓말로 입대를 기피하는 것뿐이다. 일상적이고 범속한 면모를 확인하는 과정에서, 독자는 거기 숨겨진 한 인간의 가열찬 내적 투쟁과 과장된 욕망의 추구를, 악에 대한 자기 의심으로 거리를 쏘다니는 분열된 낭만주의자의 영혼을 읽게 된다. 미시마는 자신의 범속함을 시대의 증상으로 둔갑시킨다.

현실에서 우리는 더 멀쩡한 척하기 위해 에너지를 쓰지만 문학 속에서 우리는 더 이상한 척하기 위해 에너지를 쓴다. 문학은 그렇게 만들어진 개성적인 주체들의 은하계일 것이다.

소년 시절의 미시마, 불안의 총계의 메뉴판

산책길 2
– 가면을 쓴 청년

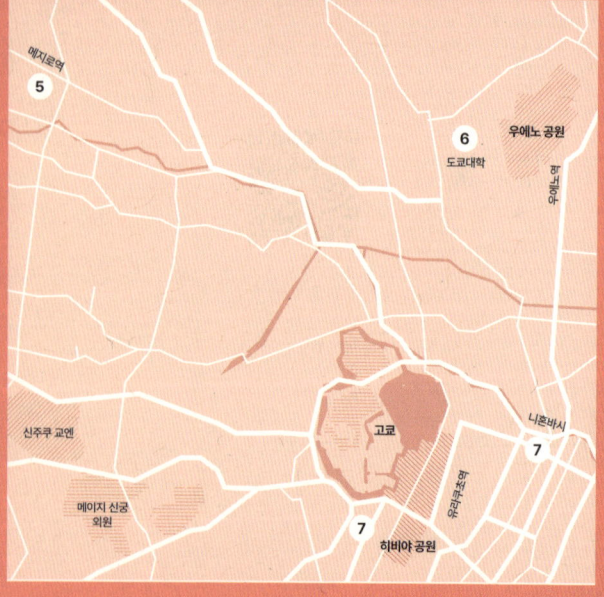

◦ 16세(1941) 스승인 시미즈 후미오의 선택으로 일본 낭만파 계열 문예지 『문예문화文藝文化』에 「꽃이 한창인 숲花ざかりの森」 연재. 처음으로 〈미시마 유키오三島由紀夫〉라는 필명을 사용한다. 〈태평양 전쟁〉이 발발했다.

◦ 17세(1942) 가쿠슈인 고등과 진학. 문예부 위원장에 선출된다. 학내 교지에 비평과 에세이, 시와 소설을 발표하며 학업과 병행하여 왕성한 창작을 이어 간다.

◦ 19세(1944) 가쿠슈인 고등과 수석 졸업. 졸업식 대표로 천황에게 은시계를 하사받는다. 도쿄 제국대학 법학부에 입학한다. 『꽃이 한창인 숲』을 출간한다. 징병 검사에서 보충 병역인 〈제2을乙〉급 판정을 받는다.

5. 가쿠슈인 중등과
6. 도쿄대학 캠퍼스
7. 니혼바시 거리/
　재무성 일대

∘ 20세(1945) 「중세中世」 집필. 근로 동원으로 비행기 제작소와 해군 공창에서 근무한다. 입영 통지를 받았으나 신체검사에서 폐 침윤 오진으로 귀향한다. 도쿄 공습 당시 「곶에서의 이야기岬にての物語」를 집필한다. 8월 15일, 열병으로 친척 집에 머물다 패전 소식을 듣는다. 여동생 미쓰코가 장티푸스로 사망하고, 애인인 구미코와의 혼약이 무산된다.

∘ 21세(1946) 가와바타 야스나리를 만나러 가마쿠라 방문. 가와바타의 추천으로 『인간人間』에 「담배煙草」를 발표, 전후 문단에 입성한다.

∘ 22세(1947) 도쿄 제국 대학 법학부 졸업. 고등 문관 시험에 합격해 대장성에서 근무한다. 단편집 『곶에서의 이야기』가 출간된다.

산책과 함께할 책

『가면의 고백仮面の告白』, 1949

후반부에서는 화자의 전쟁 체험과 일본 제국의 패전이 그려진다. 불안한 사회상 속에서 〈가면 쓴 화자〉의 폐쇄적이며 무기력한 내면이 기술된다. 입대를 기다리는 주인공은 여전히 이성애적 사회와 동성애적 욕망 사이에서 정상성을 연기한다. 연인인 소노코를 사랑하는 척 거짓말과 기만적인 행동을 일삼고, 죄책감과 수치심을 느낀다. 주인공은 자학적일 정도로 자신의 치부를 솔직하게 내보이며 계속해서 자아를 찾아 나서지만 자신의 민낯을 세상에 드러내지 못한다. 어린 시절부터 간직했던 죽음과 비극에 대한 공상을 실현하지도 못한다. 말미에 드러나는 핵심적인 주제는 〈가면 뒤의 나는 부재不在〉라는 충격적인 진실을 깨닫는 일과 관련된다. 주인공은 전쟁과 자신의 욕망으로부터 도망치는 비겁자로서 공포에 질려 얼어붙는다.

『소설독본小説読本』, 사후 출간

미시마가 1948년부터 1970년까지 소설과 문학 전반에 대해 남겼던 비평과 단상을 모은 책이다. 미시마는 비평적 감각이 탁월했던 것으로도 알려져 있다. 그는 의식적으로 자신의 문학을 구상하고 실천하는 지적이며 이론적인 유형이었다. 소설의 내용만큼 형식을 중시했고, 감성만큼 이성을 중시했으며, 소설을 고백과 상상력만이 아닌 건축과 구조의 설계로 파악했고, 자신이 구상한 소설적 방법론을 철저하고 엄밀하게 준수하기 위해 노력했다. 『소설독본』은 미시마가 생각한 소설의 윤리, 문학의 형식, 읽기와 문체의 방법에 관한 사유를 압축적으로 담긴 〈미시마 유키오의 문학 강의〉다.

5. 가쿠슈인 중등과　　　学習院中等科

1 Chome-5-1 Mejiro,
Toshima City, Tokyo

미시마가 다녔던 가쿠슈인 중등과는 가쿠슈인 초등과와 떨어진 메지로역目白駅 앞에 있다. 역에서 내린 뒤 지척에 조성된 작은 공원의 소박한 연못 앞에 앉아『가면의 고백』을 다시 펼쳤다. 새들도 무더위를 피하려는지 나무 그늘 사이를 재빠르게 날아다녔다. 무표정의 회사원들이 와이셔츠를 입은 채 지나갔는데, 낯빛을 탈색하는 새하얀 햇빛 속에서 모두가 딱딱한 석고 가면을 착용한 듯했다.

　문학은 일상에 잠복한 비현실적인 순간을 포착하도록 이끈다. 그렇게 보면『가면의 고백』은 우리의 사회적 가면이 충분히 견고하지 않고, 언제든지 벗겨질 수 있을 만큼 허약하다는 사실을 깨닫게 한다. 가면 뒤에서 엎질러질 것처럼 부글거리는 불안정한 힘들에 대한 감수성을 일깨우는 작품일 것이다.

　가쿠슈인 대학 정문으로 입장해 학생들 무리에 합류해 캠퍼스를 걸었다. 앞서가는 학생 무리에서 빠져

나와 자판기 생수를 마시며 캠퍼스를 구경했다. 가로수들이 푸르게 자란 캠퍼스는 아담했고 고전적인 운치가 있었다.

대학 캠퍼스를 가로질러 가쿠슈인 중등과 쪽으로 걸었다. 왼쪽으로 커다란 야구장이 나타났다. 철망 사이로 야구부 중학생들이 투구 연습을 하고 있었다. 까맣게 그을린 운동복 차림의 남자아이들이 활달하게 배트를 휘둘렀다. 〈코시엔〉을 소재로 한 만화책이자 내 소년 시절의 로망이었던 『H2』(2000)가 떠올랐는데, 일본에 대한 향수랄 게 있다면 대개는 어린 시절의 만화책이나 애니메이션 덕분이다. 몰래 중학교로 숨어든 것 같아 민망했지만 기분은 유쾌했다. 중학교 건물을 한 바퀴 돌아 실내화들이 정갈하게 꽂힌 현관을 힐끔거렸다. 축구장에서 서로 어깨를 모아 힘차게 기합을 넣는 축구부 중학생들을 구경했다.

가쿠슈인 중등과는 현대적인 건물로 재건축되어, 과거 모습은 사라졌다. 대신 중등과 옆으로 다이쇼 시대에 지어진 황족 학생 기숙사의 동별관이 남아 있는데, 현재는 사료관이다. 2층의 목조로 한눈에도 오래된 건축물이라는 것을 알 수 있었다. 동별관 앞의 작은 정원 산책로 벤치에서 새하얀 반팔 와이셔츠를 입은 까까머리 중학생들이 앉아 신나게 저마다 이야기를 하고 있었다. 마치 『가면의 고백』에 묘사된 미시마의 학창 시절 속으로 들어선 듯했다.

미시마의 후기작 『봄눈』에는 다이쇼 시대, 가쿠슈인 고등과에 다니는 두 주인공 사이의 대화가 등장한다. 이들의 화제는 시절에 걸맞게도 다름 아닌 역사다. 가쿠슈인 고등과 시절의 미시마 또한, 내성적인 성격과 달리 문학과 시대에 대해서만큼은 문학회 친구들과 열정적으로 토론하는 학생이었다.

논쟁의 내용은 이렇다. 역사는 인간의 의지와 소망에 의해 전개되는가, 아니면 우연에 의한 우발적 사건의 모음인가. 인간이 아무리 의지와 이상으로 역사의 방향을 조정하려 해도, 불시에 우연이 작용해 역사를 전혀 다른 쪽으로 휘어지게 만든다.

한편, 역사는 훗날의 역사가들에게 필연으로 파악될 테고 그 시대를 살던 우리가 지녔던 자유는, 필연이라는 이름의 논리적 인과 관계 속에서 덧없이 마멸될 뿐이다. 우리는 시대라는 어항 속에 있으며, 우리가 가진 개성은 시대라는 거대한 조류 속의 일부로 파악된다. 인간은 의지와 시대정신으로 역사를 끌고 가려고 하지만, 통제할 수도 예측할 수도 없는 우연들이 역사를 전혀 다른 모습으로 변화시킨다. 그렇다면 이러한 역사 속에서 구체적인 의지와 소망을 가진 인간 존재는 어떤 의미를 지니는가, 혹은 역사가 무정한 필연이라면 인간의 의지라는 것은 얼마나 무상한가…….

중등과 정문 음울한 인상의 녹슨 동상, 사진으로 봤던 미시마의 중학교 시절과 판박이였다.

 훗날의 사람들은 우리를 그 시대의 한계 내부에 머무른 사람들로 파악할 것이며, 우리는 역사의 조류 속에서 휘청이는 작고 무의미한 우연의 입자들에 지나지 않을지도 모른다. 그러나 그 작고 무의미한 입자들이 인간 존재의 아름다움을 증언한다. 다시 말해 역사는 우연과 무의미 속을 방황하는 인간의 구체적인 삶이 없다면 〈인과율의 커다란 쇠사슬에 슨 녹〉에 지나지 않을 것이다. 〈역사에 관여하는 건 단 하나, 빛나는 영원불변의 아름다운 입자 같은 무의미의 작용일 테고, 인간 존재의 의미는 거기서만 찾을 수 있을 거야.〉 『봄눈』에서 가장 빛나는 성찰 가운데 한 대목이다.

 중등과 정문으로 나가는 도중에 음울한 인상의 녹

슨 동상을 보았는데, 일본 교복인 가쿠란을 입고 단추를 끝까지 채운 채 학모를 쓴 모습이 사진으로 봤던 미시마의 중학교 시절과 판박이였다.

미시마는 가쿠슈인 중등과 시절부터 본격적으로 문학에 빠져든다. 은사이자 국문학자였던 시미즈 후미오清水文雄의 제안으로 미시마 유키오라는 필명을 처음 사용한 시기도 이즈음이다. 시미즈가 이즈 반도伊豆半島로 여행을 갔다가 돌아오는 길에 미시마 시에 들러 후지산의 설경을 보았다는데, 이때의 〈미시마〉와 눈을 뜻하는 〈유키〉가 합쳐져 〈미시마 유키오〉라는 필명이 탄생했다고 한다.

그의 소년기는 국가 총력전이나 일억옥쇄一億玉碎를 구호로 하는 일본 군부의 군국주의적인 흐름이 막바지로 치닫던 흉흉한 시절이었다. 일본 열도를 달구던 과열된 광기의 분위기를 고스란히 통과하며 미시마는 책을 읽고 시를 썼다. 학내 문예부에서 발행하는 잡지에 소설과 에세이를 게재했고, 동년배의 문우들과 문학에 대해 토의하거나 열정적으로 서신을 주고받았다. 그는 문학을 통해 세계와 사회 속으로 진입했으며 조숙한 재주를 인정받았다. 할머니 나쓰코가 사망한 것도 이 무렵이다. 그는 이 시기에 문학과 자신의 결속을 발견했다. 고등학교를 졸업할 무렵에는 이미 작가로서의 자의식이 형성된 상태였다.

어느 날, 미시마는 시미즈 후미오에게 첫 작품집인 『꽃이 한창인 숲』의 원고를 가져간다. 이 원고는 태평양 전쟁이 발발한 1941년에 채택되어 일본 낭만파 계열의 문예지인 『문예문화文藝文化』에 게재된다. 일본 낭만파 문학에는 고대의 일본, 일본 전통에 깃든 옛스러운 정신적 가치를 이상화하는 테마가 주로 드러난다고 한다. 이는 하늘을 우러러보는 아버지의 모습을 아스카 시대의 불상으로 비유하는 『꽃이 한창인 숲』의 테마와도 동일하다.

그는 야스다 요주로保田與重郎와 교분을 쌓는 등 일본 낭만파 시인들의 어깨너머로 문단을 경험한다. 아마도 이때 형성된 일본 낭만파 문학과의 결속은 미시마에게 또 다른 문학적 원체험이 되었을 것이다. 『꽃이 한창인 숲』을 출판하는 과정에서 『문예문화』에 소속된 문인들에게 천재 소리를 듣는 등 이른 극찬과 환대를 받는다. 『꽃이 한창인 숲』은 전시 도중, 공습이 시작되어 종이 공급이 원활하지 않았던 도쿄의 출판사 시치조쇼인七丈書院에서 어렵사리 출판된다. 미시마는 이 일로 언제 죽어도 좋다는 생각을 했다고 한다.

미시마가 가쿠슈인 고등과를 우수한 성적으로 졸업하고 도쿄대 법학부에 진학하는 동안, 태평양 전쟁의 전황도 막바지에 치닫는다. 징집 날짜가 가까워지는 가운데 입대를 각오한다. 참전한 일본 낭만파 문인

들의 고별식에 참여해 그들을 먼저 전장으로 떠나보
낸다. 임박한 죽음을 예감한 뒤, 자신의 최후를 목전에
두는 심경으로 유작이 될 『중세中世』(1947)의 집필을
시작한다. 작가로서의 인생을 시작하는 해에 유작을
쓰기로 결심한 것이다.

오해를 피하기 위해 언급하자면, 이 시기 그는 군국
주의적 사회의 고양된 단결의 분위기에 동화되지 않
았고, 원고지 위에서 은밀한 반동분자로서 〈자신만의
싸움〉을 해나가는 중이었다. 일본 제국이 승리하리라
는 미몽을 신뢰하며 시절의 구호에 내면적으로 동참
했다기보단, 죽음과 비극에 대한 에로스, 찬란한 일본
의 전통미와 퇴폐적 공상, 그것 모두가 자신에게는 불
가능하리라는 소외 의식 속에서 내면의 어둠에 탐조
등을 들이댔다. 그는 공동체에 대한 선망 속에서 공동
체로부터 내쫓긴 자, 공동체를 미워하는 자, 공동체를
질투하고 때로는 공동체에 대한 반항과 탈출을 꿈꾸
는 허약한 문학 소년이었다.

미시마의 언급에 따르면 일본 낭만파 문학은 서구
근대의 문화적 침략으로부터 일본의 전통미를 수호하
는 예술적 성채와도 같다. 이 구도를 전시의 일본 제국
과 미시마의 자기 인식으로 옮기면, 패전 직전의 불안
정한 일본 사회를 경험한 그가 가졌던 결기의 맥락을
유추할 수 있다. 일본 제국은 침몰하는 배이며 도쿄는

파멸이 예정된 도시다. 침몰하는 배의 갑판에서, 곧 파멸할 황국 수도의 어두컴컴한 벙커에서 최후의 걸작을 집필하려 애쓰는 데카당스로서 스스로를 정체화했던 소년 미시마.

지금이라면 〈중2병〉에 단단히 사로잡힌 셈이고, 뭇 친구들과 선생님이 휘두르는 꿀밤의 대상이 되었겠지만 죽음과 참혹이 널려 있는 당시의 시대적 맥락을 고려할 때 미시마에겐 이러한 환상이 보다 절실하고 직접적으로 체감되었을 것이다.

데카당스. 부유한 제국의 황혼과 쇠퇴기에 꽃피는 파멸적인 예술적 표현, 곧 도래할 비극으로 장식될 미에의 절애. 미시마가 죽음과의 긴장을 통해 삶의 실재성을 경험하는 작가라면, 죽음을 배후에 두고 문학적 배수진을 치던 이 시기에 그는 역설적으로 강렬하게 살아 있는 청춘의 시기를 통과하는 중이었다.

소년 미시마는 그가 사랑했던 프랑스 작가 레이몽 라디게처럼 요절을 욕망했다. 요절이란 파탄을 꿈꾸는 데카당스 예술가들에게 미학적 축복이자 예술적 개인사의 완성일 것이다. 그러나 그는 죽음을 향해 스스로를 밀어붙이지는 못한다. 미시마가 재현하는 죽음에 대한 탐미는 언제나 상실한 과거와 청춘을 향한 애상감을 자아내는 방식으로 쓰인다. 그는 요절과 참전에 실패했으며, 꿈꾸던 비극에서도 제외되었다. 그러나 그가 가졌던 비극에 대한 몽상은 먼 훗날까지도 전쟁의 시간, 안락함이 도래하기 전의 역사적 위기의 시간에 멜랑콜리를 지닌 채 머물러 있었다. 그는 죽음에의 기회를 박탈당한 채 시간에 떠밀려 도달한 전후의 일상을 여생餘生으로 받아들였지만, 훗날 장년이 되어 자신의 죽음을 위한 두 번째의 기회를 인위적으로 창조한다. 〈미시마 사건〉이 그것이다.

일본의 문학 소년이 가진 드라마틱한 자기 이상화와 나르시시즘적인 염세주의를 우리 입장에서 쉽게 귀여워하기는 어렵다. 소년 미시마는 죽음에도, 유작을 쓰는 일에도 실패했지만, 장년 미시마는 죽음에도, 유작을 쓰는 일에도 성공한다. 미시마의 삶을 단순한 방식으로 요약하자면, 그는 소년기와 청춘의 실패를 장년기에 다시 시도하며 기어코 자신의 목적을 달성하는 고집스러운 인간인 셈이다.

중학생 미시마가 직접 그린 자화상.

새하얀 반팔 와이셔츠를 입은 까까머리 중학생들이 앉아 신이 난 기색으로 저마다의 이야기를 했다. 마치 『가면의 고백』에 묘사된 미시마의 학창 시절 속으로 들어선 듯했다.

산책길 2 가면을 쓴 청년

6. 도쿄대학 캠퍼스　　　東京大学

7 Chome-3-1 Hongo,
Bunkyo City, Tokyo

우수한 성적으로 가쿠슈인 고등과를 졸업한 미시마는 아버지의 뜻에 따라 도쿄제국대학의 법학부에 진학한다. 그러나 그의 관심은 오로지 소설 쓰기에 머물러 있었다. 대학 시절 내내 관료가 되느냐 소설가가 되느냐의 문제를 고민했다. 공부를 내려놓지 못했지만, 소설가로 자립해 생계를 해결할 수 있느냐의 문제에도 자신이 없었다.

미시마가 대학 시절 전업 작가로서의 생계가 가능한 것인지를 테스트했다는 자료가 여럿 남아 있다. 이 현실적인 불안은 전쟁 도중 문학에만 몰두하던 자신의 모습과 비교했을 때, 생소하며 어쩌면 비굴한 고민이었을지도 모른다. 캠퍼스를 거닐던 그의 가방 안에는 두꺼운 법전과 함께 전날 밤새워 썼던 원고 뭉치와 소설집 몇 권이 들어 있었을 것이다.

미시마는 『소설독본』에서 자신이 대학 시절 법학

도쿄대학 입구. 미시마는 아버지의 뜻에 따라 도쿄제국대학의 법학부에 진학한다.

을 전공했다는 사실을 여러 차례 강조한다. 범죄와 예술의 관계를 다양한 에세이에서 피력하며, 사회적인 윤리와 규범을 심문에 붙이는 범죄 행위의 〈특권적인 반짝임〉에 매혹되었다고 말한다. 그에게 범죄는 〈그 독특한 반짝임과 독특한 꺼림칙함으로, 우리의 일상생활을 살얼음 위에 올려놓는 작용〉을 한다. 그것은 일상의 규범을 이루는 〈암묵적 약속의 파기〉이자, 그 〈강렬한 반사회성으로 오히려 사회의 초상을 분명하게 드러내는 역할〉을 담당한다. 현실에서 범인은 법률과 제도에 구속되지만, 그는 소설이 〈만일 성공한다면 그 소설을 재판할 자로 신밖에 없는 곳까지 자신을 밀어붙일 수 있다〉고 이야기한다.

그는 떡을 인간에, 인간의 악마적인 욕망과 무한한 잠재의식을 숯불에, 법률과 도덕은 떡을 굽는 석쇠에, 범죄자를 검게 타버린 떡에, 예술을 노릇노릇하고 맛있게 그을린 떡에 비유한다. 〈석쇠의 입장에서 너무나 골치 아픈 것은 예술이라는 묘한 떡〉이고, 〈이 떡은 분명히 망 위에 있는데, 어떻게든 그물코 사이로 그 무서운 불과 불놀이를 하고 싶어한다. 그리고 괘씸하게도 석쇠 위에서 타서, 적당히 맛있게 부풀어 있으면서, 동시에 살짝 탄 떡의 묘한 맛을 사람에게 알려준다.〉 여기에는 범죄와 예술, 혹은 위반과 소설의 관계에 대한 미시마의 탁월한 해학과 통찰이 담겨 있다.

생각해 보면 『금각사』를 비롯한 많은 소설에 살인이나 방화와도 같은 범죄 행위가 등장한다. 미시마는 소설의 구조와 내적 논리를 구성하면서 형사 소송의 과정 전반을 폭넓게 참조했다. 예술가의 충동과 무의식의 발현을 강조하는 사조가 있다고 한다면, 미시마는 죽음이나 사랑과도 같은 비이성적인 테마를 법률가처럼 이지적이고 정연한 구조로 건축하기 위해 노력했다. 그에게 소설 쓰기는 의식과 무의식의 대결, 형식주의와 낭만주의의 팽팽한 줄다리기였다. 그의 소설은 범죄자에 대한 위험한 매혹과 재판관의 냉혹한 윤리 사이 어디쯤 위치한다.

그는 학교에서 전공을 공부하면서 형사 소송법에

서 배운 〈증거 추구의 절차〉를 소설 쓰기의 방법론으로 수용했다. 그는 〈내가 업으로 하는 소설이나 희곡을 쓰는 일에, 그 기술적 측면에서 형사 소송법은 안성맞춤의 교과서처럼 생각〉되었다고, 〈악이라는 질척거리며 원시적이며 부정형하고 불길한 것과 소송법의 정연하고 냉정한 논리 구조 사이에 너무나도 두드러진 대조〉가 자신을 〈끝없이 매료〉시켰다고 말한다.

그런 탓인지, 그의 소설론은 지극히 무정형적인 감성의 영역과, 이를 질서와 차가운 논리로 풀어내려는 이성이 화학 작용하거나 충돌하기도, 균형과 안정을 이뤄 협력하기도 하면서 전개된다는 인상이다. 이는 개인적이고 낭만적인 정념을 고전적이며 보편적인 이지와 균형 감각으로 형식화하는 모델이며, 둘 사이에 발생하는 긴장의 미학화라고 할 수 있다. 〈정감을 격화시키고, 더구나 그것을 이성으로 억제하고, 균형을 잡으면서 계속 써야 하는 소설이라는 일〉, 이렇게 소설적인 객관성을 거머쥐려는 미시마의 고요한 투쟁을 우리는 단단하고 명징한 금색 벽돌 같은 그의 문장들로 전달받는다.

그가 자신의 소설에 등장하는 애욕과 퇴폐의 분방한 묘사와는 달리, 문학 속에서만큼은 갑갑하다시피 완고했던 형식주의자에 가까웠다는 사실은 꽤 재밌다. 그에게 문학적 자유는 형식의 탈출이 아니라 형식에의 구속이었다. 이는 미시마의 문학과 삶을 설명할 때 빼놓아서는 안 되는 중요한 요소이자 이후의 우파적 행보를 이해하기 위한 교량이 되는 희귀하고 분열적인 면모일 것이다.

어떤 작가는 형식과 양식을 끝없이 벗어나려 하지만, 어떤 작가는 형식과 양식을 끝없이 수호하려고 한다. 일본의 전통적 미의식의 세계를 충분히 학습하고 서구 유럽의 근대적인 실정법을 전공했던 미시마는 후자였다. 그에게 소설이란 〈예술의 자격이 주어지는 가장 수상쩍고, 가장 자유롭고, 어수선한 문학 형식〉이었다. 무엇이든 써도 소설이 된다는 장르의 애매성과 모호성, 무정형한 자유에 대항해 소설에 대한 비평적 숙고를 거듭하여 자신만의 문학적인 형식을 창안하고, 무분별한 자유를 구속한 뒤 원하는 의도에 걸맞게 사용하는 일이 그가 생각하는 소설 쓰기였다.

미시마는 훗날 자본주의화된 일본 사회를 미적 형식과 전통 윤리적 양식을 잃어버린 앵포르멜Informalism한 사회로 간주하며 비판했다. 그가 좋아했던 것은 형식과 양식이었고, 견딜 수 없었던 것은 무형식과 부정형이었다. 자신의 문장과 소설 역시 극한까지 억제된 형식미의 결과로 표현하기를 좋아했다.

정념과 몽상을 백지 위로 그저 엎지르는 것이 아니라, 작가적 의지와 이성적 능력으로로 펜을 움켜쥐고

도쿄대학 캠퍼스 정문으로 들어서면 올곧고 수려한 은행나무 길이 캠퍼스 중앙으로 이어진다.

나아가는 문장 하나하나에 담긴 선택과 결단. 법을 파괴하거나 법 바깥을 몽상하는 일에 그치지 않고, 자신만의 소설적인 법을 만들고 그 법을 분투하듯 집요하게 실천하는 일. 이것이 소설이라는 〈언어의 최종 완결성〉을 지탱하는 미시마의 작가적 윤리였다.

도쿄대학에 입학한 다음 해인 1945년, 말미로 다가서는 태평양 전쟁과 패전에 관한 흉흉한 소문 속에서 미시마 또한 징병 검사를 받는다. 미시마는 참전을 위한 유서를 쓴다. 유서는 곧 무용지물이 되며, 그는 죽음을 비껴간다. 『가면의 고백』의 후반부는 화자의 전쟁 체험을 기록한다. 훗날까지도 미시마는 일본 제국이 항복했던 1945년 8월에 특별한 의미를 부여하며, 이전의 일본 공동체에 향수를 느끼고 이를 신화화하는 모습을 보인다.

『가면의 고백』에서 화자가 뒤집어쓴 가면과 소설 속에서 묘사되는 공허한 화자의 내면은 훗날 〈사무라이 가면〉을 쓰고 할복한 천황주의자 미시마의 전주곡이다. 1945년의 도쿄, 『가면의 고백』에 표현된 화자의 절망을 다루기 위해서는 산책로를 멀리 이탈해야 할 것이다. 패전의 여름을 통과하던 청년기의 미시마가 궁금하다면 어두운 역사와 더 어두운 문학 속으로 잠수하는 것도 나쁜 선택은 아니겠다. 더 파고들 의욕이 있는 독자라면 이 글에서 나가는 길의 큐알 코드를 참고하자.

도쿄대학 캠퍼스 정문으로 들어서면 올곧고 수려한 은행나무 길이 캠퍼스 중앙으로 이어진다. 고풍스러운 대학 부지는 도심 속의 공원으로도 손색이 없다. 은행나무 길을 따라가면 뒤에서 다룰 야스다 강당의 시계탑이 보인다. 한국에서 인연을 맺었던 번역가 C가 도쿄대학에 다니고 있었다. C에게 문자를 보낸 뒤 야스다 강당에서 오른쪽으로 방향을 틀었다. 조금 더 걸으면 나쓰메 소세키의 『산시로三四郞』(1909)의 배경 산시로노케이 연못이 나온다. 두서넛의 가족이 연못 근처까지 피크닉을 나와 있었다. 여리게 물결치는 수면 위로 연못을 둘러싼 여름 나무들이 울창한 연둣빛으로 아른거렸다. 잉어와 자라들이 푸른 물그림자 속을 느리게 헤엄쳐 갔다. 평화롭고 아름다웠다. 나는 미시마의 생애와 『산시로』에 표현된 산시로의 우유부단한 고뇌를 떠올렸다. 역사를 말소하며 눈앞에 순조로운 관조의 장막을 펼치는 이 아름다운 풍경, 사유를 금지하고 정서적인 쾌적함만을 자아내는 눈부신 자연이 내가 옆구리에 낀 미시마의 소설과 부조화를 이루는 것 같았다.

미시마 소설 속 인물들은 모순적인 격정으로 괴로워하고 아슬아슬한 단계까지 사유의 광기를 전개해

나쓰메 소세키의 소설 『산시로』의 배경 산시로노케이 연못

나가지만, 자연은 언제나 침묵하는 피상이자 무상한 표면으로서 인물들의 배경을 병풍처럼 뒤덮은 듯 묘사된다. 정치적인 메시지가 뚜렷한 후기의 소설에서도, 미시마의 풍경은 인간의 격양된 열정과 비극에의 의지를 흘러가는 풍경과 순환하는 사계四季 속의 덧없는 일화로, 무관심한 자연의 순환으로 보이게끔 유도한다. 이 허무함과 덧없음의 감각이, 그의 문학을 불교적인 성찰로 데려간다.

나무 그늘 아래 벤치에서 해가 질 때까지 선선한 바람을 맞으며 앉아 있자니 C의 답장이 도착했다. 구글 맵으로 장소를 전송했는데, 도쿄대 근처 〈부신가 Bousingat〉라는 카페였다. 그냥 카페인 줄로만 알았는데 헌책방을 겸하는 장소였다. 불그스름한 빛을 띠는 노곤한 조명 아래에서 생맥주를 마셨다. 일본어 문고본 책의 표지에는 내가 좋아하는 작가들의 사진이 인쇄되어 있었다. 읽을 수 없는 일본어 책들 사이에 앉아 C의 이야기에 귀를 기울이는 일이 좋았다.

그는 이곳에 살면서 릴케Rainer Maria Rilke의 편지와 코르타사르Julio Cortázar의 소설을 한국어로 번역하고 있었다. C는 아직 한국어로 번역되지 않은 프랑스 작가들의 시집과 장편소설을 서가에서 꺼내 오며 카페 사장님의 탁월한 문학적 감각과 취향에 대해 자랑스럽게 재잘거렸다.

문학이란 무엇일까. 미시마와 생판 남인, 그와 동시대와 모국어를 공유하지도 않고 그의 내면에 가까워지기 어려운 배경을 지닌 내가, 미시마에 대해 이렇게나 많은 생각을 늘어놓을 수 있는 이유는 무엇일까. 문학은 무엇을 가능하게 하나. 문학은 시간의 베일 너머에서 불쑥 내밀어진 손이 아닐까. 미시마와 악수하고 인사를 나누지만 여전히 그의 진짜 얼굴은 검은 활자들이 빽빽하게 떠내려가는 흐르는 베일 뒤에 감추어져 있는 것만 같다.

C가 안내한 지하 소극장에 들러 폴란드 작가 비톨트 곰브로비치Witold Gombrowicz의 『페르디두르케 Ferdydurke』(1937)를 원작으로 만든 연극을 관람했다. 무대와 객석이 매우 가까웠다. 알아듣지 못하는 일본어 대사를 하는 배우들의 숨찬 열연을 멍하니 지켜보며, 나는 한국어로 읽었던 『페르디두르케』의 인물들을 일본인 배우들의 얼굴에 정확하게 겹쳐 보았다.

1945년의 도쿄, 미시마의 가면

7. 니혼바시 거리 /　　　　日本橋通り/財務省
　　재무성 일대　　　　　1 Chome-4-1 Nihonbashi,
　　　　　　　　　　　　Chuo City, Tokyo
　　　　　　　　　　　　3 Chome-1-1 Kasumigaseki,
　　　　　　　　　　　　Chiyoda City, Tokyo

도쿄 증권 거래소와 일본은행 본점, 미츠코시 백화점 본점과 다카시마야 백화점이 위치한 니혼바시 거리는 일본 금융과 상업의 전통적인 중심지다. 회사원들이 드넓은 사차로를 분주하게 오가고, 고가도로가 지나는 다리 아래로 스미다강隅田川의 지류가 흐른다. 다리에는 샹들리에 장식을 한 가로등이나 신화 속의 동물 조각상이 서 있다. 긴자에서 숙소까지 전동 자전거로 종종 니혼바시 다리를 지났다. 밤이면 가로등이 환해 호젓한 다리 위의 정취가 꽤 근사했다.

　M과 내가 니혼바시에 방문한 시각은 퇴근 무렵이었다. 운집한 차량과 사람들로 매우 붐볐다. M이 파란 신호등에 맞춰 횡단보도로 허둥지둥 뛰어나가 도쿄역 방향으로 이어진 니혼바시 금융가와 백화점 광경을 카메라에 담았다. 나는 니혼바시 역전의 코레도 니혼바시 빌딩을 올려다보았다.

　트렌디한 숍과 식당이 오밀조밀 모여 있는 코레도

코레도 니혼바시 빌딩 부지 2층에 가마쿠라 문고가 있었다.

니혼바시 빌딩 부지는 지금은 철거된 시로키야 백화점 자리였다. 이 시로키야 백화점 2층에 미시마와 인연이 깊은 출판사 가마쿠라 문고鎌倉文庫가 있었다. 그는 대학 수업이 끝나면 니혼바시까지 넘어와 가마쿠라 문고의 매장과 사무실을 오가며 전후 문학에 대한 독자의 열띤 관심을 지켜보았다.

가마쿠라 문고는 미시마의 문학적 재능을 발견한 가와바타 야스나리川端康成와 인연이 깊은 출판사다. 한국 독자에게도 『설국雪国』(1937)으로 익숙한 가와바타는 일본인 최초로 노벨 문학상을 수상했다. 이 출판사는 원래 가마쿠라에 위치한 책 대여점이었고, 책이 부족하던 전쟁 중 활자를 갈망하던 독자들로 연일 호황을 이뤘다고 한다. 전쟁 후에 출판사로 발전했는데, 이 출판사의 발인자였던 가와바타가 이곳에서 문예지 『인간人間』(1945)을 창간했다.

문예지와 출판사에 작품을 투고하고 퇴짜를 당하길 반복하며 무명작가 생활을 이어 가던 미시마는 가와바타가 자신의 작품에 호감이 있다는 말을 전해 듣고 가마쿠라에 자리한 그의 사택을 방문한다. 이때부터 가와바타는 든든한 문학적 후원자가 되는 한편, 『인간』에 미시마의 단편소설인 「담배煙草」의 게재를 결정한다. 작가 경력의 시작에 가와바타의 안목이 크게 작용한 셈이다.

이후로도 가와바타는 미시마의 소설에 조언하는 등 긴밀한 교류를 이어 나간다. 전쟁 도중의 〈유작〉이라 여기며 집필했던 「곶에서의 이야기岬にての物語」와 「중세」도 가와바타의 지지를 발판으로 잇따라 문예지에 발표된다. 두 사람이 각각 해외로 번역되어 〈자포니즘〉의 대표 격으로 알려지던 1963년, 그해 노벨 문학상 수상 후보자 명단에는 가와바타와 미시마의 이름이 함께 적혀 있었다.

가와바타는 미시마가 사망하고 2년 뒤 가스 중독으로 사망했다. 자살이라는 설이 유력한데, 미시마의 죽음이 그의 자살에 직간접적인 영향을 주었다는 말도 있다. 두 사람이 문학적 동지였던 만큼 미시마의 죽음과 〈미시마 사건〉에 대한 일본 사회의 조소는 가와바타에게 심한 충격이었을 것이다.

쇼와 시대에 활동했던 많은 문인들이 자살로 생을 마감했다. 다자이의 익사와 미시마의 할복만큼, 유서조차 없이 객실에 들어찬 가스 냄새 속에서 숨진 가와바타 또한 그 자살의 방식이 작품과 닮아서 으스스한 느낌을 준다. 삶이라는 급류에 침몰한 다자이, 눈을 부릅뜬 채 무사도의 제단에 오른 미시마, 밀폐된 침묵 속에서 보이지 않는 죽음의 공기를 천천히 흡입하며 쓰러진 가와바타, 그에 반해 스스로의 과거를 끝까지 다시 쓰며 『말년 양식집晚年樣式集』(2013)을 남긴 끝에 숨을 다한 오에.

얼마 전 읽은 후쿠시마 료타福嶋亮大의 『나선형 상상력らせん狀想像力』(2020)에서 지금의 일본을 〈더는 문인들이 자살하지 않게 된 시대〉라고 명명하는 것이 인상적이었다.

비록 책 한 권을 낸 신예였지만, 미시마는 자신이 그동안 읽고 썼던 문학의 이미지가 극적으로 변화하는 것을 체감한다. 일단 소년기의 그가 적을 두고 소박한 칭송을 누렸던 일본 낭만파 계열의 문학이 역사의 뒤안길로 사라진다. 전범의 처벌을 논하는 〈극동 국제 군

긴자에서 숙소까지 전동 자전거로 종종 니혼바시 다리를 지났다. 밤이면 가로등이 환해 호젓한 다리 위의 정취가 꽤나 근사했다.

사 재판The International Military Tribunal for the Far East〉이 개최된다. 전시의 문화 통제로 군국주의적 경향을 띠던 출판물들은 방향을 바꿔 미국식 민주주의를 환대하고 천황제에 대한 비판과 재구성 작업에 착수했다. 이 시기 독서에 갈증을 겪던 독자의 요구로 여러 새로운 잡지가 창간되었다. 문화와 풍속에서의 〈표현의 자유〉가 달성되었지만, 미시마는 이 자유가 무엇을 대가로 얻은 것인지에 골몰했다.

변화하는 것이 비단 문학만은 아니었다. 전시의 애국 교육을 바탕으로 만들어진 일본인 영혼의 중심에는 천황제 이데올로기가 있었다. 천황은 일본에 거주하던 황국 신민의 집단적인 신앙과 윤리적인 정화의 원천이었다. 대의와 충의, 용기와 헌신, 긍지와 우아, 절개와 사랑……. 그것은 파시즘과 유교, 봉건제와 전통 종교가 서로 합작해 만든 공동체적 정념의 폐쇄된 고리였다.

패전 이후, 천황제 이데올로기에 대한 애착과 미련을 상기시키는 표현은 미군정의 검열로 암암리에 금지되었고, 전중과 전후를 통과하는 진솔한 감회에 대하여 삭제와 억압, 은밀한 망각이나 배척이 이루어졌다. 어떤 이들은 미국에 의해 설계되는 전후 체제에 기회주의적으로 협조하는 것처럼 보였다. 천황은 이전까지의 광신적인 믿음이 모두 잘못된 것, 폭력적이며 심지어 어리석은 일이었다는 것을 맥아더 옆에서 생존을 갈망하는 자신의 모습으로 폭로하고 말았다. 미국이 주도하는 평화 국가, 민주주의 국가로의 재탄생은 전후의 폐허와 정신적 공황을 빠르게 복구시켰다. 이러한 변화에서 미시마는 곧장 일본 사회를 짓누르는 허위를 자각했다. 침묵 속으로 감춰지는 것들이 있었기 때문이다. 집필 활동을 본격적으로 시작한 그에게 이 시기는 냉소와 불행의 시절이었다.

일본적인 정체성의 핵심이었던 〈신성 천황〉은 몇 달 되지 않아 선량한 피해자의 얼굴로 쩔쩔매는 〈인간 천황〉이 되었고, 일본인의 내면세계는 귀퉁이가 잘려 나가거나 편집된 채 미국이 입힌 〈평화 국가〉의 국민이자 경제의 역군으로 재조립되었다. 미시마는 천황의 〈인간 선언〉 이후 일본 공동체의 전통적인 신념 체계는 멸망했다고 판단했다. 전쟁의 후유증을 돌볼 시간도 없었고, 전후의 피폐한 내면의 변화를 주도적으로 성찰하거나 치유할 시간도 부족했다. 천황은 현인신의 책임을 부정했고, 천황을 사랑했던 일본 국민 역시 이를 쉬쉬하고 은폐하며 역사적 과오와 고통, 과거에 묻혀 있는 망자들의 정념을 회피했다. 전장에서 목숨을 바쳤던 이들은 광신도이자 일본 군부에 속은 원통한 희생양으로 전락했다. 일본 국민 전체가 나눠 가져야 했던 전쟁의 가해자라는 불명예와 원폭의 피해

자라는 희생은, 〈문화 대국〉을 향해 전진하는 전후 민주주의 일본에서 언급조차 기피하는 부정한 과거가 되었다.

그렇게 모든 것이 갑작스레 잊혔다. 미시마의 눈에는 모든 이들이 딴청을 피우고 있었다. 모두가 평화와 문화를 사랑하는 민주 사회의 국민, 노동자이자 샐러리맨으로서 미국을 모델로 번영하는 경제 대국의 부품이 되기를 기꺼이 받아들였다. 그렇게 해야만 마음 편히 과거를 치워 버릴 수 있었다. 어떤 이들은 드러나지 않는 곳에서 제국주의 일본의 복권을 꿈꾸며 암약하는 중이었을지라도, 풍요를 낙관적으로 약속하는 청사진 아래 느꼈던 기만 따위는 아무래도 상관없는 것이 되었다.

사라진 정체성의 자리에 공허가 들어섰으나 이 공허는 발설될 수 없는 것, 실은 없어도 티가 나지 않는 것이었다. 경제적 풍요와 대중문화가 이 공허에 먹이를 주었으며, 일본인 모두를 얼굴 없는 〈두부〉, 혹은 〈살찐 돼지〉로 길러 무해하고 안락한 사회로 배출했기 때문이다. 내면과 정체성의 공허에 씌워진 가면들의 세계. 미시마에게 경제적인 성장과 자본주의적 번영이란 역사에 대한 망각, 자주성의 상실, 형체 없이 사라지는 일본 문화를 외면한 결과였다.

대학생이었던 미시마 역시 작가로서의 성공을 선망하며 원고지 앞에서 무기력했음은 물론, 다른 일본인들처럼 가면을 뒤집어쓴 채 관료가 되기 위해 취업을 준비했다. 일본 고전과 유럽의 세기말 문학에 누구보다 심취했으며 일본의 전통적인 미의식 속으로 침잠해 불온한 멸망의 분위기에 자족하며 원고지와 씨름하던 그로서는 이러한 평범한 일상으로의 복귀, 평화 헌법의 수립, 정상 국가로의 재건이란 얼떨떨하고 거짓된 경험일 수밖에 없었다.

그는 전후의 시대적 변화로부터 뒤처진 자신의 모습을 발견한다. 고작 20대 초반의 나이였다. 작가와 관료 사이에서 갈팡질팡했던 시기, 작가로서 출세하고 자립하는 일이 요원했던 시기였다. 전쟁기의 미시마는 미래를 생각하지 않고 문학 속으로 침잠해 죽음을 준비하면 되었다. 전후의 일상 속에서 그는 허위에의 타협인 생계 문제와 함께 직업 전선에서의 미래를 걱정해야 하는 불안에 시달려야 했다. 이는 젊은 작가이자 사회 초년생으로서 갓 출발한 그에게 현실적인 공포감을 안겼을 것이다.

한국에서는 생소한 하스다 젠메이蓮田善明는 어린 미시마가 『꽃이 한창인 숲』을 게재했던 『문예문화』의 창간인이자 그의 소설을 극찬했던 시인이다. 일본 낭만파의 주역이었던 그는 군대에 입대한 1945년, 전쟁터인 말레이반도에서 천황의 무조건 항복의 내용이 담긴 방송을 들으며 비통함을 느끼고 최후의 항전을 결의한다. 청년 장교들 사이에서 일어난 항전의 분위기를 제지하려는 상급 장교의 명령을, 천황에게 패전 책임을 전가하는 변절로 이해한 그는 권총으로 상급 장교를 사살한 뒤 자결한다. 전쟁과 패전 이후로 위와 같은 자결이나 할복 사건이 일본 국내외에서 수없이 발생했다. 미시마는 대학에서 하스다의 죽음을 전해 듣고 그를 추모한다.

천황으로 표상되는 일본 공동체를 향한 충절이나 절개로 이해되는 이런 일본인들의 모습은, 일본 제국이 자행했던 식민지와 점령지를 향한 무자비한 폭력과 침탈의 역사를 고려하면 쉽게 언급할 주제는 아니다. 태평양 전쟁을 합리화하는 무의식적인 배경처럼 느껴지기 때문이기도 하지만, 타인을 죽이고 자신까지 죽이면서 공동체의 환상에 매달리게 하는 충만하며 어두운 힘, 국가와 민족에 대한 동일시라는 맹목적인 열정에 관해 생각하도록 이끌기 때문이다.

훗날 미시마는 천황을 부르짖으며 목숨을 바쳤던 일본인들, 가미카제 특공대에 소속된 어린 병사들이나 〈2.26 사건〉에 참여한 청년 장교들에 대한 문학적 애도에 착수한다. 그들의 희생에 얽힌 충절이나 절개와도 같은 정념에 공명하며 이를 신화화하는 우파의 애도다. 미시마는 종전 이후 반성적으로 역사화되거나, 물질적인 풍요와 번영 속에서 냉소와 무관심 속으로 흩어지는 그들의 희생이 〈천황〉이라는 상상적 관념의 실추를 통해 무가치하고 어리석은 죽음으로 전락하는 일을 원치 않았다. 그는 가미카제 특공대와 하스다의 청춘이 영원히 아름다운 채로 남길 바랐다. 이들의 청춘에 자신을 동일시했고, 영웅적인 청춘에 합류하지 못하고 살아남았던 자신의 현재에 적응하지 못했다. 종전 이후 20여 년이 지나서야 행해진 미시마의 자살은 시효가 만료된 천황주의를 되풀이하며, 일본적인 영령이나 영웅의 대열에 늦게나마 합류하려는 작위적인 프로젝트라는 인상을 준다.

언제나 과거의 비극은 현재의 희극으로 되풀이된다. 하스다 젠메이의 자결과 〈미시마 사건〉의 관계처럼 말이다. 과거의 비극이 현재의 희극으로 귀환하는 이유는 현재가 과거를 온당하게 애도하는 일에 실패했기 때문이다. 시간의 속도에 떠밀리는 사람 중 누군가는 과거 속에서 살아가고 그 지속을 온몸으로 체감한다. 과거가 말끔하게 청소된 것만 같은 현재, 즉 미국화된 도쿄의 한복판에서나 도시 계획이 완비되어 깔끔하게 구획된 서울 주변부의 신도시 어딘가에서 우리는 급작스레 들이닥치는 미완된 과거의 진동을 경험할 때가 있다.

    시대적 변화에 적응하기 위해 과거를 애도하는 일은 필수적이다. 폐허가 된 과거에는 죽음의 그림자가 짙게 드리워진다. 망각이 무자비하게 전진하는 미래의 대오에 우리를 흔쾌히 올라타게 할지라도, 과거를 외면하고 죽음을 망각한다면 온당한 애도의 순간은 성사되지 못한다. 과거에 결박된 미시마는 나중까지도 이들을 죽음으로 내몬 집단적인 정념과의 관계를 포기하지 못하며 이를 그리워한다.

    애도와 슬픔이란 문학의 보편적인 주제이며 죽은 사람들에 대한 자명한 연민의 감정으로 이해될 때가 많지만, 이 경우 우리는 애도와 슬픔이 어느 때보다 정치적인 행위라는 사실을 이해할 수 있다. 죽은 자들 사이에 슬퍼할 이들을 결정하고 애도의 방식을 설계하는 일은 살아남은 자들의 몫이니 말이다.

    『나의 편력 시대私の遍歷時代』(1964)에는 전후 일상에 거리감을 느꼈던 청년 미시마의 모습이 묘사된다. 어제의 위태로운 현실과 그 강렬한 기억을 무색하게 하는 현재의 평화로움 사이 낙차를 지각하며 허무한 감정에 젖어 든다. 미시마는 이러한 평화로움에 환멸을 느끼며 거짓이자 위선이라고 여긴다. 그가 심적으로 의탁했던 과거는 전후의 미래로 대체되었지만, 현재와의 시차를 느끼며 과거에서 놓여나지 못한다.

미시마는 대합실 창문에 묻은 포탄의 그을음을 바라보며 위로를 받는다. 흔적도 없이 말끔히 청소된 과거가 어느 구석에서는 거무튀튀한 그을음으로 잔존한다는 사실을 확인하면서 말이다. 성사되지 못한 애도가 그를 과거로 잡아끈다. 미시마는 그렇게 미래로 나아가지 못하는 시간의 이방인으로 남는다.

여기까지 상상하고 나니 이제야 쇼와 시대를 풍미했던 작가들이 공유한 허무의 정서를 조금이나마 들춰 본 것 같은 느낌이었다. 허무감이란 중요하게 여겼던 가치들의 급격한 퇴조와 전위에 대한 반작용이다. 개인의 차원에서는 몰두하고 사랑했던 신념과 인식의 체계가 와해되고 소진되었을 때 나타난다. 어떤 종교가 사이비였다는 사실의 폭로나 계몽은, 사이비 종교를 맹신했던 이들의 마음과 기억까지를 구조하지 못한다. 미시마에 한정해서, 그가 소년 시절 내내 매혹되었던 일본 낭만파 문학과 일본 고전에 대한 교양, 비극에 대한 영웅주의적 에로티시즘, 퇴폐주의 문학의 자멸 취향은 전후의 세계에서 도무지 힘과 광휘를 발산하지 못하는 구시대의 유물이 되었다.

이 시기 미시마에게 중요한 것은 정치가 아니라, 문학이었다. 어쩌면 이 허무감의 정체란 미시마가 아름다움이라고 믿었던 것, 문학과 예술이라는 가상에 대한 심미적인 토대가 허물어졌다는 사실에 기초할 것이다. 그가 몽상했던 아름다움은 이때 한 번 죽었으며, 나중까지 수행했던 것은 이때 상실한 문학에 대한 애도였는지도 모르겠다.

도쿄대 법학부를 졸업한 미시마는 여러 문예지에 작품을 속속 발표하며 작가 생활을 계속한다. 현재 일본 재무성 역할을 하던 대장성의 사무관에 임명되어 작가와 관료를 겸하는 〈투잡러〉가 된다. 발표한 작품이 늘어나고 새로운 소설집 『곶에서의 이야기』를 출간했지만 문단과 독자의 반응은 미적지근했다. 반복된 출퇴근, 소설가로서의 인정 투쟁과 생존 투쟁, 철야로 글을 쓰는 나날들이 미시마를 기다린다.

나도 투잡을 경험했기에 이때 미시마가 느꼈을 고충을 이해한다. 직장 생활과 원고 마감이 겹치면 일단 잠자는 시간이 현격하게 줄어든다. 생활 사이클이 망가지고, 머릿속에는 소설 걱정이 그득해져 눈앞의 업무에 집중하기 힘들다. 수면 부족으로 일상 감각이 둔해지며, 직장 동료들과 원활한 의사소통에도 문제가 생긴다. 정신은 소설 속으로 가출하고, 따라가지 못한 육체가 책상이라는 뗏목에 실려 현실을 둥둥 떠다닌다. 미시마 또한 원고 마감과 과로가 겹쳐 지하철 선로에 떨어지기도 하는 등 우여곡절을 겪었다고 한다.

재무성 일대에는 외무성과 국회 의사당을 포함해 일본의 고등 관청들이 모여 있다. 사각형의 창문들이 빽빽하게 도열해 햇볕을 난반사하고, 넓은 대로 곳곳에 제복을 입은 순경들이 서 있다. 거리는 깨끗하게 비어 있었으며, 같은 복장의 관료들이 각자 업무에 매진할 시간이었다. 자유분방하다는 편견이 있는 예술가로서의 생활과 공문서에 인쇄된 숫자들 사이에 파묻힌 멀끔한 관료로서의 생활이 잘 매치되지는 않지만, 앞서 언급한 바대로 미시마라면 관료의 이미지도 잘 어울린다. 물론 관료의 가면 안쪽 미시마는 문명 속의 불만으로 들끓었겠지만 말이다.

마침, 출판사에서 장편소설을 써달라는 청탁 의뢰가 도착한다. 미시마는 대장성에 사표를 낸다. 자신의 명운을 거는 작품을 집필하기로 결심한다. 『가면의 고백』의 시작, 이 작품은 이후 그의 삶을 완전히 바꾸어 놓는다.

니혼바시거리 재무성 일대. 미시마는 이곳에 위치했던 대장성에서 근무했다.

산책길 2 가면을 쓴 청년

#산책길 3
– 편력과 사랑

- 21~23세(1946~1948) 다자이 오사무와 만남. 〈근대 문학近代文学〉 동인에 참가하고, 〈마티네 포에틱 Matinée Poétique〉 동인과 교류하는 등 전후의 문인들이 모이는 카페 랭보에 드나들며 문단을 체험한다. 단편집 『꽃에서의 이야기岬にての物語』, 『밤의 준비夜の仕度』, 첫 장편소설 『도적盜賊』을 간행한다.
- 23세(1948) 장편소설 의뢰를 받고 창작에 전념하기 위해 대장성 사직. 『가면의 고백仮面の告白』 집필에 매진, 전업 작가 생활을 시작한다.
- 24세(1949) 『가면의 고백』 출간. 첫 연극 작품인 「화택火宅」이 초연된다.
- 25세(1950) 『사랑의 갈증愛の渇き』, 『푸른 시대青の時代』 등을 출간한다.
- 26세(1951) 〈군상群像〉에 『금색禁色』 제1부 연재. 『나쓰코의 모험夏子の冒険』을 출간한다.

8. 진보초 고서점 거리 /
  고미야마 서점
9. 카페 밀롱가 누에바
10. 긴자-유라쿠초 거리 /
  미요시 다리
11. 히비야 공원 /
  우에노 공원

산책과 함께할 책

『금색禁色』, 1953

20대 후반이던 1951년에서 1953년 사이에 집필된 대표작 가운데 하나. 완벽한 외모의 소유자인 퀴어 청년 유이치의 파격적인 연애사가 펼쳐지며, 도쿄 전역이 소설의 배경으로 등장한다. 유이치는 이 소설에서 다양한 기혼 여성과 연애하는 동시에, 게이 바에 드나들며 성적 정체성의 불안에 시달린다. 또 다른 주인공인 노작가 슌스케는 성공한 작가이지만 추악한 자신의 외모와 그간 만난 여성들과의 관계에서 받은 상처로 인해 뒤틀린 혐오와 공격성을 갖고 있다. 슌스케는 유이치를 돈으로 매수해 자신에게 상처를 입혔던 여성들에 대한 앙갚음을 꿈꾼다. 동성애와 이성애, 아름다움과 추악함, 권력 게임과 복수 등등 긴 분량 속에서 퇴폐와 악덕이 충돌하는 가운데 미시마는 인간 존재의 양면성과 사회적 위선을 날카롭게 파헤치고, 두 인물의 성장을 꾀한다. 해당 작품은 주제의 불온함 때문에 연재 당시에도 큰 화제성을 불러일으켰다.

『나의 편력 시대私の遍歷時代』, 1964

작가로 자리 잡게 되기까지 미시마가 겪은 내면의 고민과 전후 문단에서의 경험을 정리한 회고적 성격의 에세이다. 문학적 고민과 작가적 정체성의 모색, 〈자기 개조〉에 이르는 과정 그리고 동시대 작가들과의 관계를 솔직하고 폭넓게 담았다. 『가면의 고백』이나 『금색』 같은 작품들을 어떻게 집필했는지에 대한 생각 또한 엿볼 수 있으며, 전쟁과 전후의 일본에 드리운 암울한 시대상을 어떻게 인식했는지 또한 드러난다. 후반부에서 그는 세계여행 도중 선박 위에서 일광욕을 하며 〈태양〉을 발견하고 〈나의 편력 시대〉의 끝을 선언한다. 이 장면은 후기의 에세이인 『태양과 철』의 도입부로 이어지며 미시마 사상의 중요한 전환점을 암시한다.

함께 걸을 작가

다자이 오사무太宰治, 1909~1948
다자이 오사무는 전후 일본 문학을 대표하는 문제적 인물이지만, 후배 세대인 미시마에게는 애증과 불쾌함이 공존하는 복잡한 존재, 절대 닮고 싶지 않은 뒤집힌 거울과도 같았다. 다자이의『인간 실격人間失格』(1948)은 전후 일본 사회에 드리워진 무력감과 절망을 고통스러울 만큼 성실하게 그리면서도, 현재의 독자에게 〈자기 연민〉이나 〈자기 희화화〉 등의 요소로 비판받기도 한다. 미시마는 그의 문학적 진실성과 재능을 인정하지만, 자신의 내면과 너무 닮은 그를 싫어했다. 그의 나약함과 〈자기 연민〉에 대한 경멸과 반감을 감추지 않았다. 〈자기 파괴〉와 몰락을 선언하며 강물에 투신해 삶을 마감한 다자이와 달리, 미시마는 〈일본적 윤리 형식〉을 실천하는 완성된 자결로서의 할복을 구상했다. 두 작가는 전후 일본의 상반된 자화상이다.

가와바타 야스나리川端康成, 1899~1972
『설국雪国』(1937)과 「이즈의 무희伊豆の踊子」(1927)로 널리 알려진 가와바타는 1968년, 일본 최초로 노벨 문학상을 받았다. 가와바타는 미시마의 재능을 일찍 간파했으며, 미시마도 가와바타를 스승이자 조언자로 믿고 따랐다. 둘은 긴밀하게 교류하며 영향을 주고받았고, 일본 전통의 미의식 세계를 탐구하며 이에 특별한 의미를 부여했다. 둘의 문학은 종종 같은 유미주의자로 분류되지만 현저한 차이를 보인다. 가와바타가 소멸과 여백의 미와 사라질 것 같은 미미한 감각의 여파를 시적인 문장으로 표현한다면, 미시마는 가와바타에 비해 강렬하고 파괴적이며, 드라마틱하고 장엄한 비극의 미를 그린다. 미시마의 자결 이후 가와바타는 유서를 남기지 않은 채 고요하게 생을 마감했다. 둘은 일본 문학사에서 죽음

을 통해 삶의 양식에 종지부를 찍은 마지막 작가들로 기억된다. 다자이의 침몰, 가와바타의 침묵, 미시마의 파격, 오에의 〈말년의 양식〉 등등은 그들 삶과 문학 사이의 연속성을 상상하게 만든다.

　모리 오가이森鷗外, 1862~1922
나쓰메 소세키와 함께 일본의 근대 문학을 대표하는 양대 산맥인 모리 오가이는 미시마가 가장 존경했던 일본 작가였다. 미시마는 『나의 편력 시대』, 『문장독본』, 『소설독본』 등에서 모리 오가이의 작품을 자기 소설의 전범이자 모범적인 소설의 형태로 칭송하며, 자신의 〈문체 훈련〉의 모델로 삼는다. 미시마에 따르면 모리 오가이는 강인함과 명료함, 중후한 형식미, 세련되고 암시적인 서정성과 극한까지 절제된 언어를 구사하는 일본적 산문의 정점을 구현하는 작가다. 미시마는 모리 오가이의 간명하고 명철한 스타일을 참고했고, 이를 통해 자신의 강건한 문체를 연습하고 발명한다. 모리 오가이는 소설가 외에도 군의관이자 번역가, 학자와 관료로도 활동했던 전천후의 인물이었으며, 『아베 일족阿部一族』(1913) 같은 소설에서 〈일본적 윤리 형식〉로서의 할복을 묘사하기도 한다. 첨언하자면, 미시마의 나쓰메 소세키에 대한 평가는 박한 편이었다.

8. 진보초 고서점 거리 / 고미야마 서점

神田神保町/小宮山書店

Kanda Jinbocho,
Chiyoda City, Tokyo
1 Chome-7, Kanda Jinbocho,
Chiyoda City, Tokyo

진보초 고서점 거리를 거닐 때마다 흥분을 감출 수 없다. 세월의 때가 묻은 책들이 고서점 앞 좌판에 수북하게 쌓여 있고 안경을 낀 할아버지, 머리가 하얗게 센 할머니부터 교복을 입은 학생들까지 모두 진중한 표정으로 서가를 탐색한다. 낡은 책의 매캐하며 고소한 냄새가 거리 전체에 풍긴다.

진보초 거리에 조밀하게 모여 있는 고서점은 170군데가 넘는다. 1백여 년 전에 문을 연 서점도 수두룩하다. 철학, 문예, 예술 등의 학술서 서점부터 스포츠, 음악, 미술, 영화 그리고 고양이 관련 서적이나 한국 문학 같은 유니크한 전문 분야만을 취급하는 서점도 있다. 고서점 안에는 책에 통달한 듯한 서점 지기들이 우두커니 자리를 지킨다. 비교적 최근에 문을 연, 아기자기한 인테리어의 서점 안에서는 친절하고 정감 어린 점원이 손님을 반긴다.

진보초는 예스러운 정취를 간직한 야스쿠니靖国

고미야마 서점. 도쿄의 변두리에서 방황하던 미시마의 흔적들이 숨어든 대피소였다.

거리와 은방울 모양 가로등이 늘어선 스즈란すずらん 거리로 나뉜다. 거리 전체가 야외 도서관이라고 해도 과언이 아니다. 야스쿠니 거리에서 서가에 스며든 시간의 중력을 체감한 뒤, 힙하고 재밌는 콘셉트의 서점과 소품 숍이 많은 스즈란 거리로 이동해 정처 없이 돌아다니면 〈책〉이라는 매체의 신비한 물성에 흠뻑 빠질 수 있다.

페이지들이 한 묶음으로 장정된 〈책〉이라는 매체의 형식은 세계 어디에나 존재한다. 책이 하나의 세계라면 그 세계는 인간의 손에 의해서만 펼쳐진다. 펼치기 전의 책은 서가 어딘가에서 긴 시간 입을 다물고 있는데, 서가에 무겁게 적재된 남루한 침묵 속에 우리가 가보지 못한 별천지의 행성이 수천 곳이나 된다. 침묵의 서가는 무한한 갈림길과 떠도는 웅성거림이 잠재하는 경이로운 장소다. 나는 미술 서적을 파는 서점에 들러 낡은 도록을 여럿 샀고, 여행에서 돌아온 뒤 친구들에게 나누어 주었다.

야스쿠니 거리의 모퉁이에서 유독 눈길을 잡아끄는 고미야마 서점은 생전의 미시마가 자주 들렀던 서점점으로도 유명하다. 통유리 외벽으로 〈고미야마 도쿄KOMIYAMA TOKYO〉라고 적힌 네온사인 간판이 빛을 발한다. 간판 위로 서점의 한문 이름인 〈小宮山書店〉이 가지런하게 적혀 있다. 옛 건물의 외관에 모던한 인테리어가 겹쳐 있고, 서점 내부는 고서점이라기보단 현대 미술과 키치한 장난감, 패션 아트와 설치 미술을 전시하는 살롱을 연상시킨다.

고미야마 서점의 1층과 2층에는 패션 관련 서적과 국내외의 사진집을 취급한다. 미시마의 소설처럼 파격적이며 에로틱한 작품들을 감상하다 1층과 2층 사이의 M2층으로 향하니 미시마 특별관이라고 해도 좋을 소규모의 전시실이 나타났다. 저절로 눈이 휘둥그레졌다. 그의 흔적을 따라 도쿄의 여러 장소를 섭렵하고 있었지만, 이곳은 정말 도쿄의 변두리에서 방황하던 미시마의 흔적들이 숨어든 대피소였다. 알고 보니 서점 대표가 미시마 문학의 광팬이자 수집광이었다.

고미야마 서점에서는 초판본부터 사인본, 한정판, 화보집, 그의 육필 원고와 영화 관련 굿즈까지 그가 남긴 예술적 발자취들을 보관하며 판매한다. 유리로 막힌 철제 서가에 미시마 리미티드 에디션을 진열하는데, 그중 『봄눈』 사인본 가격은 수백만 원을 호가한다. 방패회 단원들과 군사 훈련을 받는 미시마, 군대식 정복을 입고 비장하게 눈을 치켜뜬 미시마, 파티에서 단정한 양장을 갖춰 입고 가와바타와 술잔을 부딪치는 미시마. 온갖 미시마들 사이에서 당대의 판형으로 출간된 〈풍요의 바다〉 시리즈와 미시마가 매만졌을 골동품들을 훑어보았다.

고미야마 서점에서는 초판본부터 사인본, 한정판, 화보집, 그의 육필 원고와 영화 관련 굿즈까지 미시마가 남긴 예술적 발자취들을 보관하며 판매한다.

자주 왕래하던 서점에 자신을 기념하는 공간이 생긴다는 건 어떤 느낌일까. 어떤 문학가가 남긴 흔적을 컬렉션으로 귀중하게 보존하는 일본의 독서 문화와 문학가에 대한 사랑이 부러웠다. 끝까지 탐나던 미시마의 사인본은…… 아쉽게도 쌈짓돈처럼 엔화가 고이 접혀 있는 내 지갑으로는 범접할 수 없는 금액이었다. M과 현실감이 마비된 눈빛을 멀뚱거리며 교환하다 고미야마 서점을 빠져나왔다.

내가 미시마를 찾아 진보초를 헤매고 있었다면, M은 다자이 오사무의 팬이었다. M은 다자이의 『달려라 메로스走れメロス』(1940)를 찾아 서점 어딘가를 떠돌았

는데, 진보초에 온 김에 다자이와 미시마의 관계에 대해 언급하고 넘어가면 좋겠다.

『인간』에 단편소설을 발표한 뒤 전후 문단에 입성한 햇병아리 작가 미시마. 그에게 가장 독특했던 점은 전후 문단을 대표하는 작가 다자이 오사무에 대한 반감일 것이다. 당시 다자이는 『사양』을 출간한 직후 당대의 작가 지망생들에게 구루와도 같았다. 종전 직후는 그가 전후 문학의 총아로서 가장 왕성하게 창작하던 전성기였지만, 또한 자기 파멸의 가속화, 절망과 몰락 속을 허우적거리며 너무 빠르게 〈부끄럼 많은 생애〉의 말미를 향해 내달리던 시기였다. 그런데 미시마는 그런 다자이가 못마땅했고, 여러 문단 자리를 돌아다니며 〈다자이를 싫어한다〉며 고집을 부렸다. 모두가 찬사를 바치는 어떤 작가를 싫어한다는 것, 이는 대개 젊은 작가의 유치한 허영심으로 이해되는 경우가 보통이지만, 어떤 뛰어난 작가에게는 자신의 문학을 정체화하는 데 충분히 영향력을 발휘하는 일이기도 하다. 싫증과 환멸이 당대의 경향과 자신의 문학을 차별화하고, 선을 그으려는 의지적인 시도로 이어지는 것이기 때문이다.

미시마의 눈에 다자이는 자신의 병과 약점을 고치려고 노력하지 않는 사람, 더 나아가 자신의 병과 약점을 과장하여 예쁘게 치장한 우울의 가면 속에서 희희낙락하는 광대일 뿐이었다. 『문화방위론』에서도 그는 다자이로 대표되는 예술가의 〈자기 풍자〉와 〈자기 연민〉을 얼마나 경계했는지를 언급한다.

> 음, 자기를 힘없는 자로 규정하는 것은 문학으로서는 매우 하기 쉬운 방법입니다. 왜냐하면 자기 풍자를 먼저 하고, 그 후에 권위를 자기 풍자의 닮은꼴로 삼아서 어떤 권위도 끌어내리면 되니까요. 문학적으로 가장 하기 쉬운 방법이라고 생각합니다만, 그러나 그런 방법을 나는 한결같이 싫어했습니다. 자기 풍자만은 하지 않습니다. 자기 연민Self Pity에 빠지니까요. 몸이 조금 약하거나 수면 부족에 빠지면 바로 자기 연민이라는 것은, 풍자의 뒷면에 금방 달라붙습니다. 상대를 풍자하면 얼핏 보기에 강력하게 보이지만, 그 순간에 금방 자기로 돌아온다는 매커니즘이 존재해요. 그것이 매우 무섭습니다.
> ─『문화방위론』 중에서

이에 반해 미시마는 내면에 넘실거리는 다자이적인 요소, 다시 말해 자기 파괴적이며 축축한 감수성의 수렁에 맞서 냉철한 이성과 낙천성을, 허약하고 무기력한 정신적 도취에 맞서 육체적 실감을 단련하고 연마하려 애썼다.

다자이에 대한 적의를 잘 드러내는 일화가 있다. 『사양』을 연재하며 다자이의 인기가 최고조에 이른 어느 날, 미시마는 비수를 품에 감춘 자객의 심정으로 다자이가 있는 이자카야를 방문한다. 떠받드는 문청들에게 둘러싸인 다자이에게 당신의 문학이 싫다고 읍소한다. 다자이는 술에 취해 실실거리며, 그래도 이 자리에 왔다는 건 자신을 좋아한다는 뜻이라며 미시마의 담대한 도전을 능치며 무시한다. 미시마는 실망과 울분, 수치심에 가득 차 술자리를 박차며 집으로 돌아온다.

이 에피소드는 미시마의 『나의 편력 시대』에 소개되는데, 책의 상당 부분이 다자이에 대한 자의식에 할애되는 만큼 그의 문학과 심적으로 대립하는 체험이 미시마의 청년 시절에 꽤 중요한 위력을 행사했던 듯하다. 그는 다자이의 문학에 생리적인 반발감과 애증의 감정을 느꼈다면서, 이는 자신이 숨기고 싶었던 부분을 다자이가 적나라하게 드러내기 때문이라고 말한다. 악취가 풍긴다며 그의 문학을 업신여기는데, 맥락을 따지고 보면 이 악취란 사실 미시마의 내면에서 풍기는 악취일 것이다. 미시마는 이를 〈서정의 악취〉라고 표현한다. 이 악취에 대한 혐오와 저항감은 그를 낭만주의의 어둠에 맞서는 고전주의의 아침으로 이끄는 동력이 된다.

내가 미시마의 에세이들을 읽으며 시종일관 느꼈던 점은 본성과 환경에 반하는 극기, 모순을 끌어안는 투쟁으로서의 자유 의지가 그가 가진 주요한 정체성의 원리였다는 사실이다. 〈다자이처럼 살지 않겠다〉, 혹은 〈다자이처럼 쓰지 않겠다〉는 자의식은 전후 문단에 횡행하는 허무감과 우울감에서 거리를 두는 원동력으로 작용했을 것이다.

끝없이 자신을 희화화함으로써 절망과 싸우던 『인간 실격』의 요조는 결국 자포자기 속에서 내적으로 완전히 파산한 뒤 폐인이 되며, 급기야 자신은 인간 실격자임을 선언하는 데 이른다. 그러나 『가면의 고백』의 화자는 요조와 전혀 다른 길을 걷는다. 더 치밀하게 자기 분석을 거듭하며 더 정교한 가면의 건축에 몰두하고, 가면이 쪼개지고 부서지는 순간까지 필사적으로 자신의 가면을 부여잡는다.

이들은 닮았다. 허무감과 절망감, 사람들 앞에서 연기를 한다는 자의식, 인간 사회의 허위에 대한 통찰, 숨쉬듯 반복되는 기만과 자기반성의 피드백-루프, 자기 부정과 자기 부재의 공포감 등등. 이들은 전후의 일본이라는 같은 시대상에서 탄생한 쌍둥이 같은 존재들이다. 데카당스 다자이와 댄디 미시마, 그러나 결국 그들은 같은 두려움에 묶인 포로들일 수 밖에 없다.

한쪽에는 술에 취해 꼬부랑거리는 표정으로 자조

적 유머를 난사하며 슬럼프와 폐결핵, 정신적인 병치레로 생애를 탕진한 다자이가 있다. 다른 한쪽에는 매일 깔끔한 폴로 셔츠를 차려입고 피트니스 센터와 검도장으로 출근하던, 요즘 말로〈자기 관리〉에 공을 들이다 스스로 건축한 죽음의 제단에서 분연히 배를 가른 미시마가 있다. 이들의 생애사적 이미지는 매우 대조적이지만, 극단은 한 장소에서 만나는 것인지도 모른다. 결국 그것은 내적인 취약함이 그들에게 드리운 그림자를 반영하기 때문이다.

〈무뢰파〉나〈전후파〉등등의 경향이 난립하며 어둠 속으로 치닫던 문학계 분위기 속에서 미시마는『가면의 고백』을 집필한다. 불안정함이나 자기혐오 같은 갈팡질팡하는 감정들이 그를 괴롭힌다. 다자이가 자살하고, 부패한 일본의 관료들이나 정.재계 인사들이 미군정에 뇌물을 주었다는 소문이 유포된다. 이즈음 미시마는 체력 단련을 시작하고, 다자이의 요설체를 물리치는 한편 모리 오가이의 명철하고 간명한 문장을 읽고 또 읽는다. 내면의 괴물을 정복하기로 작정하고,『가면의 고백』의 한 문장 한 문장에 심혈을 기울인다. 그는 격정의 밤을 통과해 그 반대 방향의 힘들에 매혹된다. 환히 내리쬐는, 내면의 어둠을 정화하는 태양의 은총 속에서 하얀 치열을 드러내며 웃는 방법을 연습한다.

9. 카페 밀롱가 누에바 ミロンガ・ヌオーバ

1 Chome-3 Kanda Jinbocho,
Chiyoda City, Tokyo

완성된 『가면의 고백』 원고를 편집자에게 전달한 장소는 간다神田에 있던 〈카페 랭보〉였다. 이 카페는 전후 일본의 문인들이 단골로 드나들던 전설적인 장소였다. 문인들 사이의 열띤 토론과 치고받는 싸움은 물론, 취기에 젖은 문인들이 흥청거리며 세상에 대한 반감과 비판적인 자의식, 환멸, 특유의 자기 연민과 술버릇…… 등등을 엎지르던 일본 문인들의 집결지였다고.

미시마는 이곳에서 시이나 린조椎名麟三나 다케다 다이준武田泰淳 같은 전후파를 대표하는 문인들을 만나 교우한다. 미시마는 그들 사이 비스듬한 위치에서, 이전의 문학과 새로운 문학 사이 어딘가쯤에 끼어 있는 존재다. 새로움도 옛날도 성에 차지 않는다. 『가면의 고백』은 출간 직후 센세이셔널한 반응을 일으키고, 미시마는 다소간의 비평적 명성을 얻게 된다. 드디어 한 사람의 작가로서의 어엿한 명패를 달게 되었다. 아울러 변화에 대한 욕망이 그를 찾아온다.

카페 랭보는 1949년에 폐점했지만, 랭보를 전신으로 하는 〈밀롱가 누에바〉라는 카페가 아직도 영업 중이다. 가와바타 야스나리와 무라카미 하루키村上春樹가 자주 들렀던 카페로도 알려진 밀롱가 누에바는 원래 카페 랭보가 있던 간다의 뒷골목에 있었다. 현재는 이전해 진보초의 스즈란 거리 근처에 자리 잡았다. 나무문을 열고 들어가면 탱고 음악이 은은하게 흐르고, 닳은 나무 탁자에 레트로 LP판들이 벽면을 차지한다. 웨이터에게 시원한 아이스커피를 주문했다. 더위에 지친 정신을 쨍하게 일깨우기 위해서였다. 눈부신 창밖을 바라보며, 녹는 얼음에서 나는 딸랑거리는 소리를 들으며 한참 동안 『가면의 고백』을 읽었다.

그 원고를 편집자에게 내밀며 느꼈을 엎치락뒤치락하는 불안과 출간 직전의 설렘을 상상하니 문득 그가 곁에 있는 듯했다. 광인이나 기인이 아닌, 나와 같은 한 소설가로서의 미시마. 문학은 동시대의 유행이나 조류와 어떤 관계를 맺을까. 문학은 그 분위기를 투명하게 반영하지만은 않는다. 모든 작가는 동시대를 자기만의 방식으로 해석하며, 그 시대와 마찰하거나 저항하면서 자신만의 문학을 모색한다. 과거의 유산과 미래의 비전 사이에서 어느 쪽도 선택하지 않기를 선택하기도 한다.

문학은 동시대를 들여다보는 창문이지만, 또한 동

미시마가 즐겨 찾던 카페 랭보는 1949년에 폐점했지만, 랭보를 전신으로 하는 〈밀롱가 누에바〉라는 카페가 아직도 영업 중이다.

시대를 탈출하기 위한 작가마다의 독창적인 자구책의 표현이다. 문학은 동시대에서 벗어나려는 무익한 도주이자, 동시대의 벼랑을 향해 내달리는 끝 모를 달리기일 수도 있다. 문학은 동시대에 대한 타협과 굴복일 수도 있지만, 동시대에 대한 항의와 도전일 수도 있다. 심지어 그것은 동시대에서는 결코 알려질 수 없는 어느 폐쇄된 지하실 속의 불안이기도 하다. 미시마가 전후 문단을 통과하며 가졌던 복잡다단한 감정은, 그가 살아 있는 사람으로서 시대와 호흡하며 시대에 아첨하지 않고 자신의 문학을 모색하는 치열함에서 비롯된 것일 테다.

카페에서 땀을 말린 다음, 꾸벅거리며 줄다 옆을 돌아보자 누군가 문학과지성사 판본의 한국어 시집을 읽고 있었다. 여긴 일본인데? 뜨악한 채 눈을 가늘게 뜨니 그가 나를 힐끔 돌아봤다. 그러고는 자리에서 일어나 환한 얼굴로 내게 다가왔다. 아니나 다를까, 지난 학기 안산에 있는 모 대학의 문예창작과에서 내가 수업하는 〈세계 문학 강독〉이라는 과목을 수강했던 학생이었다. 대한 해협 건너에서, 그것도 우연히, 이런 일이 대체 왜 벌어졌을까. 이곳이 가와바타와 하루키가 자주 드나들던 카페이기 때문일까.

어색하게 인사한 뒤 잡담을 나눴다. 학생은 여름 방학을 기념해 일본에 사는 남동생을 찾아왔다고 했다. 뭐 읽어요? 학생은 이장욱을 읽는 중이었다. 나는 테이블에 놓인 『가면의 고백』을 가리켰다. 학생은 어리둥절하면서도 조금 부담스러운 표정을 지었다. 설마 도쿄에서도 수업을 시작할 작정인가? 그런 불상사를 만들진 않았지만, 다른 나라 어디에서도 문학을 매개로 다시 마주치게 된다는 사실을 증명하는, 반가웠던 해후로 기억에 남아 있다.

10. 긴자-유라쿠초 거리 / 미요시 다리

銀座-有楽町 / 三吉橋

Ginza, Chuo City, Tokyo

1, Chuo City, Tokyo

대형 쇼핑몰과 명품관이 즐비한, 일본의 강남 긴자는 미시마의 『금색』에도 빈번하게 등장한다. 메이지 시대부터 모던 보이와 모던 걸, 부유층과 일본 화족이 찾는 번화가로 번영했던 긴자 거리는 일본의 자본주의적 풍요를 상징하는 대표적인 상점가다. 긴자 중앙 거리로 투명하게 닦인 유명 브랜드의 쇼윈도가 늘어서 있으며, 긴자 식스와 도큐플라자 주변으로 세련되게 차려입은 보행자들이 쇼핑백을 들고 거리를 오간다.

긴자 거리는 유라쿠초역有楽町駅 철길 아래에 위치한 유라쿠초 거리와 도보로 연결된다. 철길 아래의 골목마다 서민적인 분위기를 간직한 이자카야와 멋스러운 서양식 레스토랑이 즐비하다. 유라쿠초에서는 도쿄에 드리워진 한밤의 흥성거림을 만끽할 수 있다.

미시마를 취재하는 동안 한국 친구 몇 명이 도쿄에 다녀갔는데, 유라쿠초역 아래에서 M과 함께 문학 비평가인 G를 만났다. G는 긴자 거리에 호텔을 잡은 상태였다. 여름호 원고들의 마감 격전을 성공적으로 치른 일을 기념하여 도쿄로 놀러 온 것이었다. 도쿄에 체류하는 내내 미시마 삼매경에 빠져 있는 상태였던 나는 그 일방적인 연모의 마음을 이야기할 사람이 없었다. 동행하던 M도 내가 읊조리는 미시마에 대한 잡담에 질린 상태였다. 우리는 유라쿠초 철길 아래에서 찬란한 간판 불빛을 밝히며 부유하는 〈산초쿠요코초産直橫丁〉로 이동해 하이볼과 맥주를 마셨다. 나는 채집한 미시마에 관한 가십을 탈탈 털었고, G는 흥미로운 표정으로 내 이야기를 경청했으나 지금 생각하니 매우 지루했을지도 모를 일이다. 아무튼 얼마 뒤, G의 인스타그램 계정에는 미시마 유키오의 『가면의 고백』과 『사랑의 갈증』을 읽고 있다는 인증 사진이 올라왔다.

그날 우리의 이야기는 미시마 유키오에서 문학으로, 서로의 작업에 대한 한탄과 넋두리로, 황당무계하게 커져 가는 희망으로 널을 뛰듯 번졌다. 약간씩 취했으며, 불빛들이 밤하늘로 녹아들어 아른거리는 긴자 거리를 걷다 도쿄의 살인적인 택시 요금에 괘념치 않고 과감하게 택시를 잡아탔다. 술자리의 한없는 연장으로, 이른바 만취와 숙취라는 미래의 불상사로 이어질지도 모를 〈늦게까지 하는 술집〉으로 향하기 위해서였다. 〈살집이 달린 가면만이 고백을 할 수 있〉다는,

메이지 시대부터 모던 보이와 모던걸, 부유층과 일본 화족들이 찾는 번화가로 번영했던 긴자 거리는 일본의 자본주의적인 풍요를 상징하는 대표적인 상점가다.

유라쿠초 철길 아래에서 찬란한 간판 불빛을 밝히며 부유하는 〈산초쿠요코초〉

〈고백의 본질은 불가능일 것〉이라는 미시마의 문장은 이어지는 우리의 대화 속에서 〈문학적 재현〉이란 단어로 둔갑해 있었다. 더욱 이슥해진 새벽, 우리는 어떤 빛나는 결론에 도달했던 것 같지만 그 결론의 내용은 언제나의 새벽이 그렇듯 잘 기억나지 않는다.

긴자와 유라쿠초 거리에 방문할 때마다 들고 갔던 미시마의 소설은 『금색』이었다. 〈놀랄 만큼 아름다운 청년〉이자 〈펠로폰네소스파 청동 조각가가 제작한 아폴론처럼 어딘가 애틋하고도 온유한 아름다움이 넘치는〉 초절정 미남인 유이치의 연애 편력과 애정사가 담긴 『금색』의 무대는 매번 바뀌는 데이트 상대에 걸맞게 도쿄 전역을 가로지른다.

이 소설에서 주요하게 다뤄지는 공간이 바로 긴자 거리와 유라쿠초에 위치한 게이 바 〈르동〉이다. 완벽한 청춘의 아름다움을 체현하는 유이치는 계층과 나이가 다른 여러 동성 연인과 사귀는 한편, 복수심에 사로잡힌 노작가 슌스케의 사주로 여럿의 기혼 여성과 불륜 관계에 빠져든다. 소설 전체가 부도덕과 악덕, 퇴폐와 탐미를 포함한 인간적인 나약함의 독무대다. 집필하는 기간, 미시마는 가부키 극장 맞은편에 있었던 게이 바 〈브런즈윅Brunswick〉에 자주 드나들었다고 한다. 이곳이 〈르동〉의 모델이 되었다고.

미시마의 퀴어 행적에 대한 몇 가지 썰이 있는데, 일본의 유명한 퀴어 가수이자 배우인 미와 아키히로美輪明宏와의 관계가 가장 널리 알려져 있다. 뭔가 짠하면서도 코믹한 에피소드인데, 브런즈윅에서 호스트로 일하던 미와를 목격한 미시마는 아름다운 외모와 신묘한 가창력에 감탄했으며 바에 놀러올 때마다 그를 자주 지명했다고 한다. 미시마는 미와의 스타성을 먼저 눈치채고 훗날 거물이 될 거라고 말했으며, 미와가 이 말에 매우 기뻐했다는 훈훈한 에피소드도 전해지지만...... 아무튼 미시마는 미와에게 종종 구애 섞인 플러팅을 했다고. 그때마다 미와는 미시마의 볼품없는 육체와 빈약한 근육에 대해 자주 놀렸다. 정곡을 찔린 미시마는 분개해 어쩔 줄 몰랐다.

소설가 후쿠시마 지로福島次郎는 미시마 사후, 월간지에 발표한 소설에서 자신이 미시마와 동성애 관계를 맺었다고 주장했다. 소설 안에 미시마의 미공개 편지를 공개해 그의 유족과 〈무단 인용〉 문제로 법정 싸움을 벌이며 떠들썩하게 비화되었던 사건인데, 후쿠시마 지로가 미시마를 만났다고 말했던 장소도 게이바 〈브런즈윅〉이다.

국내 출판사 큐큐의 블로그에 『금색』을 번역한 정수윤 번역가의 역자 후기가 올라와 있는데, 이 글에 전

미시마는 가부키 극장 맞은편에 있었던 게이 바 〈브런즈윅〉에 자주 드나들었다고 한다.

후 일본의 게이 문화와 일본의 문화적 전통에서의 남색, 미시마가 경도되었던 고대 그리스의 소년애 사이의 상관관계가 탁월하게 서술되어 있다. 나로서는 미시마 문학을 읽을 때 헝클어진 고리를 풀어 준 소중한 글이었는데, 미시마 문학을 좋아하는 독자라면 일독을 권한다. 내게 이 글은 번역하는 이를 집어삼킬 수도 있는 미시마 소설의 악마성에 관해, 『금색』의 번역이라는 악마와의 사투와, 그런 악마에 대한 두려움과 증오, 경외와 매혹이 혼재된 채 언어의 결투에 임하는 번역가의 마음을 짐작케 하는 글이었다.

미시마의 모든 소설을 번역으로 만났고, 번역의 은폐된 행간엔 언제나 작가와 번역가 사이의 지지부진하고 곤혹스러운, 지난하고 성실한 대화가 숨어 있다고 믿는다. 그 대화가 시공간 너머에서 구천을 떠도는 이방의 작가를 우리가 앉아 있는 테이블로 호출한다. 정수윤 번역가는 글의 말미에서 자신을 내려다보는, 뿔이 돋아난 악마인 노작가 미시마와의 열렬한 사투 끝에 결국 화해의 악수를 나눈다.『금색』은 그 화해의 결과로 독자의 눈앞에 놓여 있는 셈이고, 내가 읽은『금색』전체가 한 젊은 작가가 전심전력으로 매달린 일본어 문장과 한 번역가가 전심전력으로 매달린 한국어 문장의 악수를 증명하는 셈이다. 번역가께 존경의 마음을 담아, 정수윤 번역가가 쓴 글의 마지막 문장을 인용하고 싶다.

금지된 육욕의 세계에 Yocoso, 어서 오세요.

『금색』은 퀴어 주인공이 등장하는 미시마의 마지막 장편소설이자 1950년대 일본의 퀴어 풍속이 사실적으로 기록된 희귀한 작품이다. 청춘과 소년애를 예술의 모범적인 형상이자 고전적인 이상으로 풀이하는 미시마의 퀴어 판타지가 극대화된 작품이기도 하다. 유이치는『가면의 고백』속 소심한 화자와 내면적으로 닮았지만, 어떠한 현실적인 연애에 성공하지 못하는

『가면의 고백』의 화자와는 달리 본격적으로 퀴어 사교계에 진입한다. 막장 드라마를 방불케 하는 치정과 삼각관계의 향연이 펼쳐지는 한편, 이성애 도덕과의 불화와 죄책감, 소외감과 자기 연민으로 〈비밀에 지쳐〉, 〈현실의 존재가 되고 싶〉어 하는 유이치의 성장담이 담겨 있다.

한편, 『금색』에는 〈보는 자〉와 〈보여지는 자〉의 이분법, 이후 『금각사』에서도 반복되는 미시마 특유의 인간학이 또렷하게 나타난다. 보여지는 자였던 유이치는 『금색』에서 보는 자로서의 자신을 깨달음으로써 청춘의 방황을 끝마친다. 완벽한 예술 작품이라는 미적 대상의 위치에서 세속적인 야심을 가진 현실의 존재로 변화한다. 『금각사』에서 절름발이인 가시와기 또한 보여지는 자에서 보는 자로 이동함으로써, 외양의 추악함과 장애로 인한 콤플렉스와 자기혐오를 해결하고 현실에서의 연애와 섹스가 가능해진다.

이런 구도를 후기작 〈풍요의 바다〉에 적용하면, 청춘의 아름다움과 비극적인 죽음을 온몸으로 구현하는 『봄눈』의 기요아키와 『달리는 말』의 이사오는 보여지는 자이고, 〈풍요의 바다〉라고 하는 전체 이야기를 목격하며 지탱하고 증언하면서 늙어 가는 『새벽의 사원 曉の寺』(1970) 속 혼다는 보는 자다. 낭만적 주체와 합리적 주체, 젊음과 늙음, 현실과 환상, 기억되는 자와 기

억하는 자, 미적 대상과 미를 식별하는 주체, 사건(행위와 실천)의 순간성과 역사(기록과 증언)의 영원성 사이의 이분법.

거칠게 말해 미시마의 모든 소설은 〈보여지는 자〉와 〈보는 자〉 사이에서 일어나는 사랑과 욕망의 길항 관계를 다룬다. 청년기의 미시마는 보여지는 자를 동경했던 보는 자였으나, 훗날의 미시마는 〈보는 자〉일 수밖에 없는 문학가의 존재론적인 불충분함을 회의한 다음 〈보여지는 자〉로 이행하게 된다.

그러나 미시마에 따르면 보여지는 자로서의 미적 영예가 허용되는 시간은 짤막한 청춘의 시간에 불과하다. 『소설독본』에서 썼듯이, 〈늙은 여우〉가 되어 과거에 향수를 느끼는 장년의 미시마에 의해 감행되는 정치적 행위는 아름답기는커녕 〈꾀죄죄한 코미디〉일 뿐이며, 우스운 도박을 감수해야만 하는 불운한 위험 속에 놓인다. 미시마도 이를 잘 안다. 그러나 미시마는 늙은 여우인 자신의 꼴사나운 정치적 행위는 〈소유했다고 믿는 미래를 송두리째 뽑는 듯한〉, 자신의 〈존재의 본질 전체에 대한 전면적인 부정〉이라는 명석한 지성의 산물, 고분고분하게 설계된 〈미래에 대한 모독〉에 기반한다며 자신의 선택을 비장하게 정당화한다. 이쯤 해서 미시마가 말하는 보는 자와 보여지는 자에 대해 간략하게 짚고 넘어가자.

우리는 누구나 보는 자이면서도 보여지는 자다. 우리는 타인의 응시와 욕망의 대상이면서(보여지는 자), 타인을 응시하고 욕망하는 주체(보는 자)이기 때문이다. 〈보여지는 자〉로서 타인의 시선에 비친 자신을 과도하게 의식하는 일은 물론 나르시시즘적이다. 이때 보여지는 자의 관심사란 자신의 욕망이 아니라 타인의 시선을 통해 형성된 자기 이미지이기 때문이다. 보여지는 자는 거울 속의 자신과 사랑에 빠져 있다. 이는 미시마에게 미성숙하지만 아름다운 청춘의 상태와 동일하다.

『금각사』에 등장하는 가시와기와 미조구치는 둘 다 타인의 시선에 겁먹은 채 거울에 비친 자신의 이미지를 혐오한다. 이때 가시와기는 보여지는 자에서 보는 자로 이행하는 과정에서 평범한 생활 세계 속의 어른이 되며, 미조구치는 보여지는 자로서 금각에 불을 지르는 파국적인 청춘의 행위 속으로 나아간다. 이것이 『금각사』를 관통하는 스토리다.

미시마에게 어떤 이가 〈보여지는 자〉로서 나타난다는 것은 그의 외양이 남들이 보기에 놀랍도록 아름답기 때문이거나, 미를 감각하는 공동체(보는 자들)를 향해 비극적인 파토스와 미에의 동경과 애상감을 불러일으키기 때문이다. 나는 그의 이 이분법에 하나의 단서를 추가하고 싶다. 그의 인간학에서의 인간은 두

부류로 나뉜다. 한쪽은 〈미로써 보여지는 자〉, 다른 한쪽은 〈미를 보는 자〉다. 전자는 육체적 행위나 외면적인 아름다움으로, 후자는 이성과 내면적인 인식으로 미와 조우한다. 비극적 사랑, 혹은 정치적 이상에 투신해 자신을 소모하는 행위를 불사함으로써 목숨을 바치거나 극적인 행위를 통해 우리의 일상을 윤리적 긴장감과 미적 절대성 속으로 올려놓는 이들은 미로써 보여지는 자, 나머지 평범한 사람들은 미를 보는 자다.

그리고 미시마에게 자기 자신이나 『금색』의 노작가인 슌스케와도 같은 문학가는 〈미를 보는 자〉들 중에서도 꽤 독특한 위상(표현자)을 차지한다. 〈표현자〉는 미를 질투하는 자이면서도 미의 망령에 사로잡힌 자, 미를 열광적으로 탐닉하는 자, 환상이자 픽션인 언어를 통해 미를 표현하려 하면서도 미를 현실적인 행위로서 실천하는 자들 앞에서 좌절하고, 원고지 속의 내면적 세계를 살아가는 어딘가 비틀린 인간 군상이기 때문이다. 같은 표현자 종족으로써 쉽게 동의할 수는 없겠지만…… 미시마에게 문학이란 미로써 보여지는 자들에 대한 근본적인 소외와 열등의식을 함의하는 셈이다. 이것이 미시마 식의 문학의 한계일 것이며, 그에게 문학이란 보여지는 자를 향한 콤플렉스에서 출발한다고 해도 과언이 아니다.

『금색』을 아직 읽지 않은 독자를 위해, 이 소설 속에서 보는 자와 보여지는 자의 관계가 어떻게 묘사되는지는 긴자 거리 밖의 어두운 골목길에 남겨 둔다. 미시마-유이치는 어떻게 어른이 되었을까. 미시마-슌스케는 어떻게 진정한 예술가가 되었을까? 이 질문에 대한 답은 글 끝에 실린 큐알 코드에서 확인하자.

히가시긴자역東銀座駅 앞의 가부키 극장에서 다카라초역宝町駅 쪽으로 이동하면 일곱 개의 작은 다리가 있다. 미시마 유키오의 단편소설 「다리 순례橋づくし」가 이 일곱 개의 다리를 배경으로 쓰였다. 보름달이 뜨는 밤, 첫 번째 다리인 미요시바시三吉橋부터 마지막 다리인 비젠바시備前橋跡까지 각 다리에 들러 소원을 비는데, 한 마디도 하지 않고 일곱 개의 다리를 순차적으로 완주하면 소원이 이뤄진다는 전통이 있다. 미요시바시에는 다리 순례 전통과 이 전통이 묘사된 미시마의 소설을 소개하는 표지석이 있다.

소설 「다리 순례」는 늦은 밤 네 인물이 각기 다른 소원을 빌며 다리를 순례하는 모습을 그린다. 미시마는 캄캄한 어둠 속에서 울리는 초조한 나막신 소리로 소망과 불안의 관계를 감각적으로 은유하는 한편, 이들이 통과하는 다리의 이름을 호명하며 각 다리 주변의 정취를 하나씩 묘사한다.

이들은 일종의 소원 경쟁을 벌이는데, 세 명의 여성

미시마의 단편소설인 「다리 순례」의 배경이 된 미요시바시의 표지석.

과 외모나 계급적 조건이 상이한, 레즈비언 혹은 여장 남자로 추정되는 미나가 핵심 인물이다. 넷 중 유일하게 침묵을 지키며 다리 순례에 성공하는 미나와 그녀의 소원을 향한 집착, 다른 인물과 달리 내면이 명확하게 드러나지 않는 그녀가 대체 무슨 소원으로 빌었을지에 대한 으스스한 모호성이 다른 여성 인물의 기묘한 두려움으로까지 이어지는 독특한 소설이다.

다리를 지나면 소원이 이뤄진다는 것은 흔한 전설이지만, 미시마는 이 사소한 소재를 훌륭한 단편으로 재구성한다. 미요시바시에서 왼쪽으로 걸으면 다리 순례 코스 가운데 세 번째와 네 번째인 쓰키지바시築地橋와 이리후네바시入舟橋가 보인다. 이 다리는 각각 도로와 육교로 다리의 형태를 보존한다. 길 따라 맛있는 커피를 파는 긴자 거리의 아기자기한 카페들이 드문드문 자리한다. 곧이어 캠핑장과 숲길, 평화로운 놀이터가 있는 쓰키지가와 공원築地川公園이 나온다. 공원을 따라 내려가면 이제는 사라진 다섯 번째와 여섯 번째, 일곱 번째 다리인 아카츠키바시曉橋와 사카이바시堺橋, 비젠바시의 소개와 옛 다리의 표지석이 있다.

긴자에서 쓰키지가와 공원을 거쳐 쓰키지 시장 쪽으로 산책한다면 저절로 〈다리 순례〉 코스를 완주하는 셈이다. 소설의 인물들처럼 절실한 마음은 아니더라도 느슨하고 가벼운 마음으로 소원을 떠올리며 산책하는 것도 좋은 여행이 될 것이다. 내 소원은…… 이 책을 잘 마무리하는 것, 빨리 에어컨이 있는 장소로 도망치는 것이었다.

긴자에서 쓰키지가와 공원을 거쳐 쓰키지 시장 쪽으로 산책한다면 저절로 〈다리 순례〉 코스를 완주하는 셈이다.

『금색』의 <보여지는 자>와 <보는 자>

11. 히비야 공원 / 우에노 공원

日比谷公園 / 上野公園

1-6 Hibiyakoen,
Chiyoda City, Tokyo
Uenokoen, Taito City, Tokyo

히비야 공원은 유라쿠초 거리에서, 우에노 공원은 도쿄대학에서 도보로 가깝다. 피크닉이나 연인의 데이트 장소로 오래 전부터 각광받은 장소인데, 『금색』에도 이 두 공원에 대한 묘사가 나온다.

히비야 공원은 일본 최초의 서양식 공원이다. 어두운 밤이면 무지개색 빛기둥으로 솟아오르는 대형 분수대가 특히 근사하다. 우거진 수풀과 구획이 단정하게 나눠진 튤립 꽃밭 사이에 자리 잡은 아담한 연못이 운치를 더한다. 긴자 거리에 늘어선 빌딩들, 끝없이 나타나는 상점가와 인파에 지쳐 탈진했을 때쯤 슬그머니 숨어들어, 그늘진 벤치에 앉아 상쾌한 식물 냄새를 맡으며 쉬어 가기에 좋은 도심 속 휴식처다.

그런데 미시마가 묘사하는 『금색』 속의 H 공원은 현재의 유유한 히비야 공원과는 사뭇 다르다. 마치 평화로운 풍경의 이면에 꽂힌 밤의 책갈피 같다. 그림자 속으로 모습을 감춘 게이들이 서로를 훔쳐보며 은근

히비야 공원. 어두운 밤이면 무지개색 빛기둥으로 솟아오르는 대형 분수대가 특히 근사하다.

한 눈짓을 교환하는 정욕의 어두컴컴한 연회장이자, 불길처럼 뜨겁고 암수처럼 은밀한 욕망이 흘러넘치는 격렬하고 관능적인 장소이다. 소설 속 H 공원은 현재의 평화로운 히비야 공원에 대한 도발이며, 일상적 풍경 사이에서 불그죽죽한 보석 빛깔로 번뜩이는 시간의 갈라진 틈새다.

지금 거니는 히비야 공원이 미시마의 소설에 나오는 H 공원이 맞는가. 두리번거리며 공원 안을 돌아다녔다. 자신을 포획하고 미행하는 〈그 종족〉의 시선으로부터 공원 야음 속으로 달아나려다 붙들려 전율하는 유이치가 눈에 선했다. 그들은 어디로 갔을까. 나는 두 히비야 공원의 경계선을 배회했다. 책 속의 장소에 방문하는 일은 필경 그런 일일 것이다. 장소의 정면으로 들어왔으나 장소의 이면을 동시에 경험할 가능성의 시간을 선물받는 일, 혹은 그 가능성의 시간과 조우하는 일. 소설을 읽지 않았다면 나는 단 하나의 히비야 공원만을 여행했을 것이다. 눈앞에 펼쳐지는 평화로운 자연 풍경이, 과거를 표류하는 〈밤의 히비야 공원〉을 닫아건 빗장일 수도 있다는 사실을 눈치채지 못했을 것이다.

내가 〈어떤 공원의 역사〉라는 타이틀로 소설을 쓴다면 그 소설은 어떤 내용이 되어야 할까. 공원은 공공시설이며 도시민들에게 자연의 아름다움, 쾌적한 환경, 목가적인 휴식의 편의를 제공하는 장소다. 그래서 우리는 대체로 공원이 국가에 의해 깨끗하며 안전하게 관리되기를 바라지만, 역사 속에서 공원이란 이성애중심적이며 중산층 이상으로 계급화된 정상적인 시민 형상을 이탈하는 광범위한 사회적 약자들과 소수자들이 모여드는 열린 장소, 취약하고 불온하지만 어떤 때에는 피난처로 기능하기도 하는 장소였다.

게이들이 사랑을 나누는 H 공원 공공 화장실 주변의 들뜬 흥분과 취기가 묘사되는 부분은 『금색』에서 내가 가장 사랑하는 장면 가운데 하나다. 과거, 공공 화장실이나 공원에서의 공共이라는 한자가 뜻하는 〈더불어 있음〉의 진의는 대낮이 아닌 어두컴컴한 밤에 현실

지금 거니는 히비야 공원이 미시마의 소설에 나오는 H 공원이 맞는가. 두리번거리며 공원 안을 돌아다녔다.

화되었다. 무성하게 자라난 공원의 숲길과 사방에 드리워진 어둠은 도심의 타자들이 운신하고 만나는 장소로 변모했다. 밤의 공원에는 항상 부랑자와 게이들, 집으로 돌아가지 못하고 거리를 떠도는 아이들이 있었다. 공원은 도시의 외부이자 내부였으며, 정상적 시민만이 아닌 사회 내부의 타자에게도 무상으로 개방된 공간이었다. 미시마는 사회의 저층에 은폐되었던 장소를 자신의 문학 속에 보존하여 『금색』을 읽는 현대의 독자에게까지 전래한다.

가면을 벗은 밤의 히비야는 애정을 갈망하고 사랑과 슬픔 때문에 휘청거리는 게이들의 욕망과 열광으로 달아오른 장소다. 일상의 묵계는 와해된다. 미시마가 열렬하게 증오하는 〈다수결 원칙〉의 도덕은 느슨해진다. 일상 속의 평범한 공간이 전복되어 밤의 연회장으로 탈바꿈한다. 욕망의 다양한 얽힘과 출렁임이 흡사 짐승과도 같은 삶의 본성을 드러낸다. 유이치는 이 탐미적인 시선들에 공명하며, 욕망의 작열하는 용광로 속에서 불에 덴 것 같은 충격과 두려움을 느낀다. 그러면서도 이들로부터 자신의 깊숙한 곳에 존재하는 동성애적 욕망을 어루만지는 위안과 안정감을, 이른바 밤의 연대감을 전달받는다.

장면 전체가 미시마가 채색하는 불길하고 위험하면서도 황홀한 분위기로 동요한다. 밤의 낯섦과 그 속에서 헐떡이는 반짝임들. 뒤이어 『금색』에서 최고로 아름다운 부분이 이어지는데, 미시마가 어떻게 인간의 치부를 긍정하며 그 속에서 다종다양한 아름다움을 건져 내는지 들여다보면 좋을 것이다. 개인적으로 미시마가 쓴 가장 멋진 단락 가운데 하나라고 생각한다.

미시마가 지나치게 끈질긴 소설이라고 자평한 『금색』의 대단원에서, 소설 속의 〈금강불괴의 유이치〉를 완성한 슌스케는 〈현실의 존재〉로 변모한 유이치를 바라본다. 미시마는 슌스케의 입을 빌어 자신의 예술론을 펼친다. 슌스케는 〈육체가 지닌 절대미〉나 〈아름다운 자연〉 앞에서 이 아름다움에 이끌리는 정신의 운동이란 대답 없는 물음밖에 던질 수 없는 절망의 운동이라고 말한다. 곧이어 슌스케는 이 절망의 운동, 〈이해 불가능한 것을 향한 정신의 운동〉이 〈사랑〉이라고 덧붙인다. 미에 대한 사랑. 미에게 대답을 부여받지 못할 성실한 질문의 연쇄로서의 문학. 슌스케는 묻는다. 〈자네는 어찌하여 그리도 아름다운가?〉

이것이 세계를 향한 미시마의 본래적인 물음이었을 것이며, 대답을 돌려받지 못할 것이기에 끝없이 이어질 수밖에 없는 문학적 탐구의 원천이었을 것이다.

슌스케는 미를 〈도달 불가능한 차안此岸〉이라고 이야기한다. 미는 외계나 우주에 있는 것이 아니라 우리

여름의 우에노 공원은 한없이 낙하하는 햇볕의 폭포 속에 있었다.

가 살아가는 지상과 현실 속에 있지만, 자꾸만 우리의 인식과 기대를 빠져나가고 무한히 물러서거나 도망치는 〈도달 불가능한 차안〉이다. 그렇기에 우리는 미에 이끌리면서도 거기에 다다를 수 없는 현세의 절망을 계속해서 연장할 수밖에 없다.

더불어 슌스케는 아름다움이란 인간 사회 속에서 자연이 출현하는 순간이자 우리의 삶을 인간적 도덕의 한계에서 빼내는 반항, 우리를 규제하는 본원적인 힘이라고 이야기한다. 우리는 인간적 도덕과 관습 속에서 살지만, 아름다움을 향한 사랑이야말로 우리를 인간적 도덕과 관습의 한계로부터 몇 걸음 더 나아가게 만드는 유일한 원동력으로 작용한다는 것이다.

여기서 말을 끝냈다면 꽤 유익한 미학 교과서가 되었겠지만…… 슌스케는 이 세상에서의 최고의 순간이란 자살이라고 못을 박는다. 극한의 표현이자 극한의 행위로서의 자살. 자살이야말로 표현과 행위의 간극이 동시성을 통해 결합되는 결과가 아니겠느냐는 것이다. 표현이 행위에 뒤늦게 따라오거나, 표현자(보는 자)와 행위자(보여지는 자)가 분리되지 않은 채 서로 결합되는 최상의 행위-표현으로서의 자살. 미시마의 이런 자살관에 동의할 수 있을까?

어쨌든 슌스케-미시마에게 자살이라는 행위(실천)는 생의 전적인 표현(예술)이다. 슌스케는 〈산 자의 표현 가운데 가장 훌륭한 것은, 기껏해야 최고의 순간 다음으로 존재하는 것, 생의 전적인 형태에 알파를 뺀 것〉에 불과하다고 말한다. 이 〈생의 알파〉가 그에게는 죽음이며, 〈표현에 생의 알파가 더해짐으로서 생이 완성〉된다. 생이란 점차 〈표현을 엷어지게 하고, 표현의 진정한 정확함을 빼앗〉지만, 〈생의 알파〉인 죽음은 궁극적 표현으로서의 생을 완성한다.

걸작을 탄생시킨 슌스케는 유이치 앞에서 자살과도 같은 영면에 이른다. 그리고 훗날의 미시마는 소설 속의 슌스케를 모방하듯, 그가 생각하는 예술가 정신의 궁극적 결산인 〈풍요의 바다〉를 탈고한 뒤 자살을 선택한다.

우에노 공원을 산책하며 아름다움은 〈도달 불가능한 차안〉이라는 미시마의 문장을 자주 되뇌었다. 여름의 우에노 공원은 한없이 낙하하는 햇볕의 폭포 속에 있었다. 시노바즈노이케不忍池 중앙의 변천당에서 고개를 돌리자 호수에서 자생하는 연잎들이 초현실적인 구름처럼, 수면이 보이지 않을 정도로 왕성하고 자욱하게 자라나 있었다. 연잎들 사이로 자라와 잉어들이 바글거렸다. 피어오른 하얀 포말 위로 윤슬이 반짝거리는 빛의 분말을 흘리며 떠다녔다. 산책로에는 가벼운 표정의 사람들, 관광객들 그리고 사람을 피하지 않는 오리들이 함께 걸어다녔다.

숲길과 가로수길 사이로 어스름한 그늘이 번갈아 일렁거렸다. 밝아진 덤불 속에서 홀연히 나타나는 고즈넉한 사원과 낡은 도리이 주변을 맴돌았다. 이 모든 아름다운 풍경이 눈앞에 실재해 나를 휘감았다. 아름다움의 눈부신 안뜰에 속해 있었으며, 아름다움은 내가 발을 딛고 있는 지상에, 미시마의 표현대로라면 차안에 있었지만 또한 결코 가보지 못한 머나먼 장소에 관한 환상을 불러 일으켰다. 이런 문장이 허용된다면, 나는 여기에 있으면서 결코 여기에 다다를 수가 없었으며 그것만이 아름다움의 속성과 가장 닮아 있었다.

나는 여기 있는 아름다움을 향해 나아갔지만, 아름다움은 내가 나아가기 전부터 언제나 나를 어루만지며 또한 부드럽게 밀치고는 어디론가 물러나는 찬란한 고독이었다. 이곳에 있었지만 이곳 너머에서 방금 당도한 것만 같은 현상의 광채, 그러나 아직 이곳으로 도착하지 않은 미지의 새로움. 이 모든 느낌이란 내가 아름다움은 도달 불가능한 차안이라는 미시마의 요설에 설득된 결과였는지도 모르겠다.

서양 미술관에서 작품을 관람하고 우에노 동물원

쪽으로 걸어갔다.『금색』의 어느 여름 방학에, 하얀 피부의 소년인 미노루는 화사한 알로하 셔츠를 입고 추잉껌을 씹으며, 고독한 쾌활함 속에서 대낮의 우에노 공원과 시노바즈노이케 주변을 정처없이 돌아다닌다. 미노루는 우에노 동물원에서 사자나 펭귄, 사향고양이를 관람하고, 지저귀며 자신의 인사를 따라하는 구관조 새장 앞에서 하얀 폴로셔츠를 입은 유이치를 만난다. 서로에게 반한 그들은 어느덧 손을 잡고, 우리 안에서 폴짝거리는 담비의 검고 동그란 눈동자와 사랑에 빠진다. 강렬한 태양 아래를 거닐다, 인적이 없는 우에노 공원 어딘가에서 가벼운 키스를 나눈다. 미노루는 생각한다. 이 순간이 너무 행복해. 유이치는 말한다.

곧 소나기가 올 것 같네.

우에노 공원의 호수. 연잎들이 초현실적인 구름처럼, 수면이 보이지 않을 정도로 왕성하고 자욱하게 자라나 있었다.

#산책길 4
– 어둠에서 태양으로

12. 마고메 문사촌 /
   미시마 유키오 자택
13. 야마나카호 /
   미시마 유키오 문학관

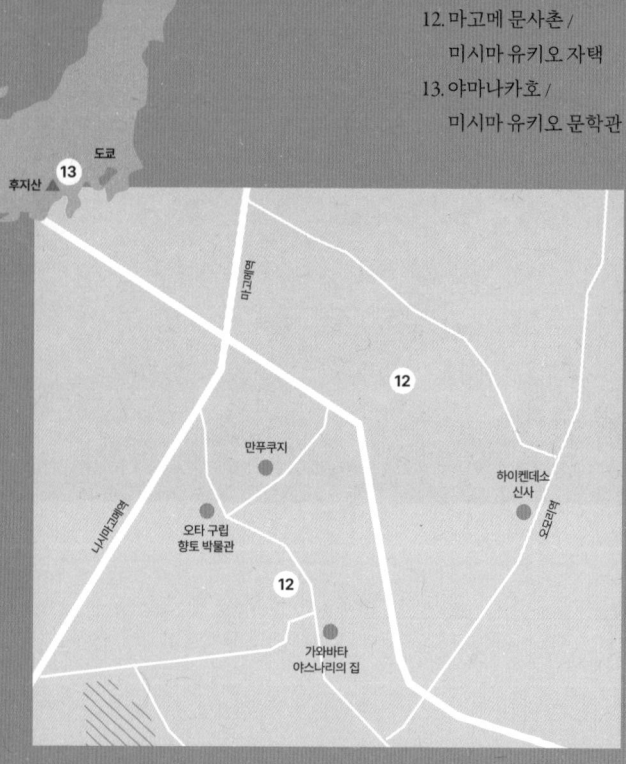

- 26세(1951) 「아사히 신문」 특별 통신원 자격으로 태평양에서 북남미를 거쳐 유럽을 여행. 하와이로 향하는 배의 갑판에서 태양의 열광을 체험하고, 그리스 조각품에 크게 매료된다.
- 27세(1952) 『금색』 2부 연재. 세계여행을 떠난 경험을 다룬 기행문집인 『아폴론의 잔アポロの杯』을 출간한다.
- 29세(1954) 『파도 소리潮騷』로 신초사 문학상 수상. 보디빌딩과 육체미 운동을 시작한다. 「흰개미의 집白蟻の巢」으로 제2회 기시다 연극상을 수상한다.
- 31~32세(1956~1957) 『근대 능악집近代能樂集』 출간. 『금각사金閣寺』를 연재하고 출간한다. 『파도 소리』 영역본이 출간되어 미국에서 큰 반향을 부른다. 『금각사』로 요미우리 문학상을 수상하고, 문예지에 『미덕의 비틀거림美德のよろめき』을 연재한다. 『금각사』 영역본이 출간된다. 『근대 능악집』의 영문판 간행을 계기로 미국과 남미, 유럽을 순방한다.
- 33~34세(1958~1959) 가와바타 야스나리의 주례로 히라오카 요코平岡瑤子를 배우자로 맞아 결혼. 검도 수련을 시작하는 한편, 마고메에 저택을 짓고 이사한다. 『교코의 집鏡子の家』, 『문장독본文章読本』, 『부도덕 교육 강좌道徳教育講座』 등을 출간한다. 야심작이었던 『교코의 집』은 미시마의 첫 실패작이라는 혹평을 듣는다.

산책을 준비할 때 읽을 책

『파도 소리潮騷』, 1954

세계여행 직후, 자기 개조의 시기에 접어든 미시마가 자신의 스타일을 혁신하고 실험했던 시기의 작품이다. 가장 밝고 이해하기 쉬운 작품으로 평가되는 연애 소설이다. 배경인 이세만伊勢湾의 외딴섬에 있는 해녀 공동체는 마치 전근대적인 낙원처럼 묘사된다. 미시마는 『가면의 고백』등에서 추구했던 탐미적 기교나 타락과 분열에 대한 묘사를 잠시 접고, 주인공인 어부 신지와 해녀 하쓰에의 사랑을 통해 근대 이전의 원형적인 순애와 일본 전통의 윤리적인 삶을 간명하고 절제된 문장으로 묘사한다. 출간 즉시 인기를 얻으며 영화로도 여러 번 각색되었고, 특히 해외에 번역 출간되며 큰 호평을 얻었다.

『금각사金閣寺』, 1956

미시마의 대표작이자 일본 문학을 대표하는 걸작 중 하나로, 1950년 실제 있었던 〈금각사 방화 사건〉을 소재로 한다. 말더듬이에 외모 콤플렉스와 열등감을 가진 주인공 미조구치는 어릴 적 아버지로부터 〈금각〉의 아름다움에 대해 전해 듣고 이를 동경한다. 꿈처럼 완벽한 절대의 아름다움인 금각. 교토 녹원사鹿苑寺에 수도승으로 기거하며 환상적 아름다움과 비루한 현실 사이의 격차에 짓눌리던 미조구치는, 결국 이를 견디지 못하고 금각을 불태움으로써 파국적인 종말을 결행한다. 절대미와 현실의 불협화음, 강박적 환상과 파괴 충동을 그린 소설로, 미시마의 철학적 세계관이 가장 선명하게 드러난다. 초기의 자정성이 강했던 내면의 고백을 벗어나 형식과 서사, 자기 철학과 미학의 유기적 결합이라는 점에서 미시마가 문학적 정점에 도달했음을 보여 준다. 이 소설을 통해 요미우리 문학상을 받으며 일본 문단의 중심에 올라선다.

함께 걸을 작가

조르주 바타유 Georges Bataille, 1897~1962

프랑스의 철학자이자 소설가인 조르주 바타유는 금기, 에로티즘, 죽음, 희생, 초월의 체험을 중심으로 독창적인 사유를 전개했다. 그의 작품에서는 이성을 초과하는 〈극한의 체험〉을 통해 인식 너머의 비천한 신성과 만나는 장면이 자주 묘사된다. 대표작 「마담 에드와르다 Madame Edwarda」(1941)에서 바타유는 인물이 경험하는 성적 쾌락을 통해 심오하고 종교적인 미지의 체험을, 전율적인 〈작은 죽음〉의 순간을 광란의 언어로 표현한다. 미시마는 바타유의 소설에 열렬한 찬사를 보낸다.

바타유의 철학을 통해 미시마의 소설이 자주 분석되곤 하지만, 내 생각에 둘은 결정적인 차이가 있다. 바타유는 죽음을 통해 자아의 해체와 신 없는 파괴적인 신성을 사유했으나, 미시마는 죽음을 통해 절정의 완성으로서의 서사 형식을 구현하려 했다. 둘 다 〈죽음의 에로스〉에 엄숙하고 비극적인 후광을 부여했지만, 바타유는 자아의 붕괴와 낭비에 천착해 사유를 밀어붙였고, 미시마는 죽음을 통한 〈자아의 완성〉이라는 신화적 내러티브 구성에 특별한 의미를 부여했다. 이를 반영하듯, 바타유의 소설은 〈에로티즘-죽음 체험〉을 중심으로 사변적이고 파편적인 스타일을 가지지만, 미시마의 소설은 〈에로티즘-죽음 체험〉을 중심으로 드라마틱한 서사적 완결성을 갖는다. 두 사람은 알베르 카뮈와 함께 고대의 시간과 원초적인 생명력을 상징하는 〈태양의 광휘〉에 매료된 문학사의 〈태양 숭배자〉이자 〈여름의 작가〉이다.

+미시마와 태양,
〈자기 개조〉의 시기

도쿄의 7월, 작열하는 태양이 함께 떠오른다. 백색 열기가 가혹할 만큼의 맹공을 퍼부었다. 가시광선이 목덜미를 짓눌렀다. 공평무사하게 내리쬐는 햇살로부터 피신할 장소를 발견할 수 없는 완연한 여름, 초목들은 햇볕을 흡수하며 화사한 녹색으로 번성했다. 살갗을 달구는 뙤약볕 아래 조금만 움직여도 흐르는 땀을 손수건으로 닦으며, 비틀거리듯 산책길을 거닐었다.

나는 도쿄의 모든 장소에서 미시마의 태양을 상상하려 애썼다. 태양은 우리의 머리 위에서, 맨눈으로는 올려다보지 못할 불타는 구체로 빛나며 우리에게 시각과 생명을 나누어 준다. 우리는 부지불식간에 태양으로부터 발원해 여기 지구에까지 도달하는 엄청난 에너지의 해일을 쬐고 있다. 나는 지금 태양에 대해 과장된 찬사를 늘어놓는 중인데, 그것은 미시마의 〈자기 개조〉의 시도를 설명하기 위해서다.

미시마가 태양 앞에서 느끼는 감동을 체험하려면 미시마가 〈태양〉을 발견하기 전, 그의 깊은 〈밤〉을 추적해야 한다. 나는 소설가적인 상상력을 발휘해 『태양과 철』이나 『나의 편력 시대』에서 드러나는 미시마의 ⟨태양 숭배⟩에 관한 이야기를 썼다. 태양과의 조우야말로 미시마를 정신과 낭만주의의 ⟨밤⟩에서 육체와 고전주의의 ⟨태양⟩으로 돌려세운 시발점이기 때문이다. 이 소설은 글이 끝나는 지점에 큐알 코드로 남긴다. 산책 중 잠시 휴식할 때 좋은 친구가 되리라고 생각한다.

『금색』 1부를 완성하고 첫 희곡 「화택火宅」(1949)을 성공리에 초연했던 20대 중반, 미시마는 「아사히신문」의 특별 통신원 자격으로 세계여행을 떠난다. 요코하마항에서 출발해 하와이로 항해하며 시작된 여행은 미국을 거쳐 남미와 유럽으로 이어진다. 하와이로 향하는 갑판에서 일광욕을 하던 미시마는 내리쬐는 일광에 대한 특별한 에피파니와 황홀경을 체험한다. 이는 미시마의 소년기와 청년기를 지배하던 밤과 어둠을 치유하는 계기였다. 정신의 심연으로 하강하는 어두컴컴한 밤에서, 육체의 표면으로 상승하는 대낮의 태양으로 이행하는 이러한 경험은, 육체미를 단련하는 일에 매진하는 ⟨자기 개조⟩의 시기로 접어드는 입구가 된다.

미시마의 사유 체계 안에서 육체란 남성과 행위, 정치와 현실이라는 단어들과 긴밀한 관계를 맺는다. 감수성에서 지성으로, 여성에서 남성으로, 인식에서 행위로, 환영적인 가상에서 육체적인 실감으로, 어둠에서 태양으로. 그것이 청년기를 지난 미시마가 〈자기 개조〉를 통해 탈바꿈하려 했던 변화의 지향점이다. 이전의 자신이 〈감수성〉과 〈여성〉, 〈인식〉이라는 예술가적 항목들을 통해 구성된다면, 이러한 형질에 대한 단절과 탈피를 위한 극기와 훈련, 원래 가졌던 기질과 대립하는 자기 자신을 욕망하는 기획이 바로 〈자기 개조〉다. 이때부터 미시마는 보디빌딩과 권투, 승마나 검도 등 스포츠에도 취미를 들이며 어린 시절부터 내면화한 신체적인 콤플렉스와 대부분 결별한다.

1955년 〈자기 개조〉 시기 미시마 유키오

미시마는 아테네를 방문해 그리스 유적이나 조각상에 대한 찬미와 경탄을 아끼지 않는다. 건강한 육체의 아름다움과 정신의 원숙한 아름다움 사이 동일한 원리를 발견하며 무한한 고양감을 느낀다. 낭만주의의 밤이 그에게 육체와 정신 사이의 분열과 자멸적인 싸움을 촉진했다면, 고전주의의 아침은 균형 잡힌 조각상의 신체 속에서 육체와 정신이 불협화음 없이 조화롭게 포개진, 경질화된 영원의 형상으로 다가온다.

해외여행에서 돌아와 집필한 『금색』 2부는 고대 그리스의 예술에 대한 자신의 매혹을 다양한 방식으로 변주한다. 미시마는 슌스케의 죽음을 통해 달성되는 유이치에 대한 〈작품화〉를 완벽한 청춘의 조각상을 창조하려는 고대 그리스 조각가의 노력에 견준다.

특별한 여행을 마치고 집필한 또 다른 작품이 『파도 소리』다. 이상 성욕과 내면의 악을 집요하게 묘사하는 초기의 소설과는 달리, 마치 설화 속의 인물처럼 보이는 전통적이고 건강한 남녀의 혼약을 다룬다는 것이 특기할 만하다. 아테네에서 목도한 고전주의의 영향력과 서사적으로 절제된 새로운 문체를 반영하려는 목적으로 집필한 『파도 소리』는 해외로 번역 출판되어 미시마에게 국제적인 명성을 안겼다.

〈자기 개조〉의 시기는 단순한 육체 단련을 넘어 『가면의 고백』과 『금색』에서 드러나는 이상 성욕과 분열,

소외의 자기 고백에서 인공적으로 설계된 조형성과 형식미의 추구로 이행했던 미시마의 문학적 시기를 가리킨다. 작품 속 인물의 단계적인 변화에 대해 기술하듯, 이러한 이행을 〈자기 개조〉의 시기라고 직접 명명한다는 점 또한 주목할 만한 작가적 자의식이다.

생애 동안 이루어진 예술관의 변화나 한 인간의 변화는 점진적으로 이루어지며 더디게 포착된다. 미시마의 경우 이 변화가 극단적인데, 드라마틱한 변화에 과잉된 의미를 부여하는 그의 모습에는 어쩐지 〈보여지는 자〉로서의 〈자기 작품화〉의 그림자가 어른거린다. 영웅담이나 성장담에서 빈번하게 발견되는 주인공의 회심回心, 이른바 환골탈태의 순간이다. 사무라이 이야기 속에서 나약한 검객이 뼈를 깎는 훈련을 거듭하며 성숙한 무사로 거듭나는 것처럼.

미시마는 『태양과 철』에서 해외여행 도중 일어난 〈태양과의 악수〉를 두 번째 만남이라고 표현한다. 첫 번째는 패전의 여름에 만났던 태양이다. 그는 태양이 전쟁 속 무기와 깃발, 군모 들을 아름답게 빛내면서도 동시에 끔찍하게 살해하는 파괴나 부패, 죽음과 관계되어 있다고 이야기한다. 미시마에게 종종 태양이란 생명과 죽음을 평등하게 아우르며 유한성에 사로잡힌 이들 위로 군림하는 신성한 원리, 기독교적·유교적·근대적 질서 너머 고대의 아침으로부터 날아오는 시원적인 광휘로 비유된다.

이러한 그의 태양관은 훗날 그가 경도되었던 천황주의를 정확하게 연상시킨다. 일본 국기에 찍힌 붉은 해는 미시마가 전쟁 시기에 외면하거나 질투하고 침을 뱉었던 태양, 수치심과 열등감에 사로잡혔던 미시마가 벌거벗은 자신을 날것 그대로 드러내길 원했던 바로 그 태양일 것이다. 『금각사』에서도 절대미인 〈금각〉은 떠오르는 태양과도 같은 모습으로 묘사된다.

> 그 언덕 언저리에서 해가 솟는다. 현실의 교토와는 반대 방향이지만, 나는 산간의 아침 햇살 속에서 금각이 하늘에 솟아 있는 것을 보았다.
> ―『금각사』 중에서

『금각사』는 어둠 속에 틀어박혀 있던 미시마에게 〈미의 새로운 탄생〉과도 같은 위상을 갖는 소설이며, 마지막 작품이자 〈풍요의 바다〉 제4권 『천인오쇠』는 〈미의 완전한 종말〉과도 같은 위상을 갖는다. 그는 자신이 생애 내내 목격했던 태양의 여명과 황혼에 대해, 자신이 목격했던 미의 일생에 대해 썼던 작가였다.

태평양의 선박 위에서 미시마가 만났던 태양이란 고대 그리스에서 소년애와 남색을 권장했던 아폴론의 태양, 고대 일본에서 동성애와 난교를 허용했던 아미테라스 오미카미의 태양, 아즈텍 제국에서 카니발리즘, 유혈 의식과 인신 공양이 이루어지던 태양 숭배의 전통을 연상시키는 중심화된 상징이다. 현재의 사회 문화적 관점에서는 부도덕하고 죄악시되는 고대적 태양의 전복적 도덕(들)에서, 그의 소설에 드러난 성도착적인 세계를 떠올리는 것은 매력적인 비약일 것이다.

어둠 속에서 동성애와 이교도적 정열에 시달리며 죄책감과 수치심을 내면화한 이가 『가면의 고백』의 화자였다면, 이 모든 금기를 너그럽게 감싸는 고대의 태양(들) 앞에서 미시마가 느꼈을 심미적인 해방감을 우리는 충분히 추체험할 수 있다. 현재의 도덕과 금지를 상대화하는 낯선 도덕적 원리를 향해 스스로를 드러내기, 현재의 도덕의 관점에서는 위험한 욕망과 위반의 혁명성을 포함하는 시원적인 건강함의 질서를 숭배하고 경외하기. 어쩌면 그것은 〈아름다움〉을 통해 오랫동안 계승된 일본적 미의 세계, 그 신화적인 시간의 결속을 향해 자신을 스스럼없이 개방하는 일이 아니었을까.

미시마는 태양이 선사하는 기쁨을 온몸으로 받아들인다. 그리고 1950년, 교토에서 〈금각사 방화 사건〉이 발생한다.

미시마는 사건을 취재하러 교토로 떠난다.

> 6월 25일, 한국에서 동란이 발생했다. 세계가 확실히 몰락하고 파멸하리라는 내 예감은 사실이 되었다. 서둘러야 한다.
> ―『금각사』 중에서

미시마의 어둠, 시인의 철야

12. 마고메 문사촌 / 미시마 유키오 자택

馬込文士村 / 三島由紀夫の自宅

2 Chome-4 Sanno, Ota City, Tokyo
4 Chome-32-8
Minamimagome, Ota City, Tokyo

미시마 유키오의 자택을 방문하기 위해 〈마고메 문사촌馬込文士村〉을 찾았다. 문사촌은 작가와 문필가들이 집단적으로 모여 살던 마을이다. 지하철을 이용하면 니시마고메역西馬込駅에서, JR을 이용한다면 오모리역大森駅에서 마고메 문사촌 일대로 걸어서 갈 수 있다. 오모리역 출구 맞은편부터 곧바로 문사촌에 살았던 이들을 돋을새김한 동판 조각이 전시되어 있다. 문사촌에 살았던 이들의 풍속을 담은 릴리프들이 문사촌으로 올라가는 계단의 벽면으로 이어진다.

마고메 문사촌은 메이지 시대부터 쇼와 시대 중기까지 일본 문인들의 활발한 교류의 산실이었다. 소설가인 오자키 시로尾崎士郎와 가와바타 야스나리, 요시야 노부코吉屋信子, 시인인 하기와라 사쿠타로萩原朔太郎 등 일본 근대 문학을 대표하는 수많은 문인이 이곳에서 교류하며 우정을 쌓았다. 지금 이 마을은 고즈넉한 대도시 외곽의 분위기가 물씬 풍긴다. 문학을 좋아하는 사람이라면 이곳에 거주하던 문인들의 방담과 생활사를 상상하며 어디로든 걸음을 옮겨 마을을 탐방할 수도 있고, 보물 찾기와 같은 재미도 얻는다. 내게는 이번 여행의 백미였다. 도쿄 안에서 이색적인 산책길을 찾는다면 꼭 추천한다.

구글의 가고 싶은 장소에 표시된 〈미시마 유키오 자택〉으로 향하는 길. 마을 곳곳에 일본 문인들의 흔적이 묻어 있기에 헤매는 것도 나쁘지 않다. 풍경의 정취가 인도하는 느낌에 발맞춰 즉흥적으로 모퉁이를 돌았다. 오르막길 저편에서 『설국』의 가와바타 야스나리가 게다를 신고 오른손에 든 일본 전통 부채를 탁탁 두드리며 걸어 내려오는 모습이나, 『물망초わすれなぐさ』(1940)의 요시야 노부코가 노상에 쪼그리고 앉아 피어난 풀꽃들의 식생과 향기를 골똘하게 헤아리는 모습이 연상되었으나, 이들이 각자의 소설에 골몰하며 산책하다 서로를 우연히 마주쳤을 때 지었을 표정은 또렷하게 떠오르지 않았다.

안녕하세요, 가와바타 씨. 요즘은 무엇을 쓰시나요? 요시야 노부코 씨. 발표한 작품 잘 읽었습니다. 길거리와 선술집에서, 자택과 사랑방에서 그들은 만나고 악수하며 지나치며 집으로 돌아가 작품을 집필했을 것이다. 문인들의 우정이나 사랑, 싸움과 결별, 환담

마고메 문사촌 입구, 문사촌에 살았던 이들을 돌에 새김한 동판 조각이 전시되어 있다.

과 유희가 전부 〈문학적 사건〉이었을 것이고, 그들이 쓴 작품의 무의식에는 이 다종다양한 〈문학적 사건〉들이 앙금처럼 침전된 채 남아 있을 것이다.

작가는 백지라는 텃밭에 삶으로부터 가져온 작은 씨앗을 심는다. 그것이 무엇으로 자라날지는 작가 자신도 알 수 없다. 때때로 씨앗이 원래 형태를 가늠할 수 없을 정도로 변형되기도 하지만, 삶에서 소중하게 채집해 가져온 씨앗이 없다면 작품을 경작하는 일도 불가능하다. 그런데 이 씨앗들은 별스러운 사건 속에서만 얻는 것이 아니라 평범한 일상과 매일 거니는 산책로, 사소하게 만나고 이별하는 사람들의 틈바구니에서, 지나가는 계절들 사이 어디에나 널려 있다. 문사촌

마고메 문사촌은 메이지 시대부터 쇼와 시대 중기까지 일본 문인들의 활발한 교류의 산실이었다.

전체가 이런 작은 씨앗들로 가득한 장소였을 것이다.

마고메 문사촌에는 산책하며 가볍게 들를 장소도 많다. 오모리역 앞의 가파른 계단을 올라가면 에도 시대에 창건된 하케이덴소 신사八景天祖神社가 있다. 지붕의 벗겨진 금박과 낡은 도리이에서 기나긴 세월의 흔적이 읽힌다. 신식 빌딩들이 들어서기 전의 과거에는 도쿄만이 훤히 내다보이는 절경을 이뤘다고. 아마 이 근처에 살던 문인들도 이곳에 방문해 금줄을 흔들고 종을 치며 한 해의 안녕을 기원했을 것이다.

문사촌의 중심에는 오래된 사원인 만푸쿠지萬福寺도 있다. 목조 기와로 건립된 긴 본당 주변으로 역사를 추측할 불탑과 석재 불상이 자리하고, 사원 주변으로 비석이 즐비한 공동묘지 터가 펼쳐진다. 만푸쿠지가 건립된 연한은 한국으로 따지면 고려 시대, 가마쿠라 막부 시대로 거슬러 올라간다고 한다. 방문자가 적어 고요했으며, 관광지의 웅장한 사원들과는 달리 역사와 생활을 고스란히 간직한 채 마을과 함께 낡아 가고 있었다.

문인들의 생전 유품과 저서, 육필 원고와 사진, 과거 문사촌의 지형이 한눈에 내려다보이는 미니어처 모형을 상설 전시하는〈오타 구립 향토 박물관大田区立郷土博物館〉도 있다. 노랗게 변색된 원고지와 필기구들에서 그들이 각자의 책상 앞에서 고요하게 치렀을 문학적 고투가 엿보였다. 문사촌 전체가 커다란 책이라면 내 걸음걸이는 그 페이지를 넘기는 일이다. 사각거리고 자박거리는 소리를 내며, 책장 사이에서 혹은 거리에서.

걷는 길 곳곳에서 장난스러운 캐릭터화와 함께 문사촌에 거주했던 문인을 소개하는 철제 팻말들이 반긴다. 문인들의 생가가 있었던 장소를 표시하는 팻말이다. 팻말과 마주치는 일이 작은 이벤트 같았는데, 대개 한국에서 생소한 작가였다. 〈포켓몬 고〉를 플레이하듯 일본어 위키로 우연히 조우한 문인들의 이름을 검색하고 수집하며 동네를 돌아다녔다. 팻말에는 그들의 작품에서 건져 올린 구절들이 발췌되어 있었다. 어떤 생가는 놀이터가, 어떤 생가는 공원이, 어떤 생가는 계단이 되어 있었다. 그들 중 누구도 자신이 죽고 난 다음의 미래를 완벽하게 예측하지 못했겠지만, 그 모든 작가가 예기치 못한 방식으로, 자신이 서술한 문장의 발자취를 통해 내가 스치는 미래에 도착해 있었다.

작가들에 대한 내 우정은 그들과 무언가를 소통했거나 그들을 명확하게 이해하기 때문만은 아니다. 그들 모두가 매일 같은 시간에 글쓰기라는 비밀스러운 주거 속으로 기어드는 일을 선택했던 사람들이기 때문이다. 문학은 그렇게 글을 쓰기 위해 자기만의 방에 틀어박힌 사람들을 내밀한 광장으로 데려간다. 글을 쓸 때 작가는 누구보다 혼자이지만, 문학은 자신과 같은 사람들이 어느 망각된 밤, 불이 켜진 방이나 외로운 식탁 위에 펜을 쥐고 앉아 있었을 것이라는 든든한 위안과 용기를 선물한다.

미시마 유키오의 자택은 따로 안내판이 없어 모르고 지나치기도 쉽다. 철제 대문 옆 명패에 미시마 유키오의 이름이 적혀 있다. 담장에 쳐진 검은 펜스 사이로 순백의 야외 테이블이 비치된 정원 중심에 아폴론상의 옆모습이 보인다. 서유럽 양식의 세련된 저택으로, 실내에서 찍혔던 사진들을 참고하면 로비에서 2층으로 이어진 계단의 인테리어 또한 궁정풍으로 지어져 호화롭다. 작가의 사택이라기엔 유럽 귀족의 저택을 모방한 듯해 다소 과시적으로 보이지만, 미시마에게는 이런 저택이 어울린다.

미시마는 1959년 마고메에 정착했고 평생을 이곳에서 살았다. 1956년, 서른한 살 무렵 출간된 『금각사』의 성공 이후 미시마는 문학적 전성기를 맞이한다. 경제적인 상황도 안정된다. 문화계 인사들과 활발히 교류하는 한편, 언론과 잡지에 자신의 일상을 꺼내 놓으며 일본 문학계의 스타로 발돋움한다.

미시마의 자기 홍보 기술은 흥미로운데, 승마와 검

도, 보디빌딩을 즐기는 모습을 언론에 노출해 일반적인 작가들과 자신의 이미지를 차별화하는 한편, 한국에도 번역된 『부도덕 교육 강좌不道德教育講座』(1959) 같은 에세이에서 당시의 도덕관념으로서는 파격적인 발언들을 서슴없이 내뱉었다. 미시마는 성공한 작가로서의 여유롭고 부유한 라이프 스타일과 고상한 취미를 언론과 대중 매체에 노출하고 스스로를 광고하는 일에 거리낌 없었다. 대중 사회화된 일본에서 예술가로서의 생존 전략을 영리하게 간파했다고나 할까. 미시마가 〈보는 자〉로서의 자신만이 아니라 〈보여지는 자〉로서의 자신을 얼마나 의식했는지를 알 수 있다.

이 시기 미시마는 연극배우와 영화배우로도 활동하는 한편 감독으로서 자신의 단편소설 「우국憂國」(1966)을 영화화하기도 한다. 스스로의 행적을 감추려 애쓰는 작가들도 많은 반면, 미시마는 작품을 취재하기 위해 떠난 여행지에서의 일상을 적극적으로 잡지에 공개해 자신을 홍보했다. 그는 웃음거리가 되거나 얕잡아 보이는 일을 매우 경멸했다고 하며, 국제적인 문학 행사나 외국인들을 대상으로 한 연설과 인터뷰 또한 철저하게 준비해 유창한 외국어 실력을 과시했다. 〈할복〉과 〈천황주의〉만 아니었다면…… 그는 지금까지도 일본이 자랑하는 댄디 작가이자 국제 사회에서 일본 문학의 위상을 향상시킨 선두 주자로 자리매

김했을 것이다.

미시마가 대중문화의 근거리에서 독자와 대중에게 자신을 이미지로서 소비하도록 하는 다양한 행보를 보였다는 사실은 여타 작가와 변별되는 그의 특별한 점들 중 하나다. 구글에 그의 이름을 검색하면 각종 기묘한 사진들이 떠도는 이유 또한 생애 내내 그가 작품에 애를 쓰는 것만큼 자기 전시에 몰두했다는 사실을 증언한다. 우람한 가슴둘레를 갖춘 다음 이러한 양상은 더 늘어나, 그는 급기야 자신을 모델로 한 누드 사진집인 『장미형薔薇刑』(1963)을 출간하기에 이른다. 그는 카메라 플래시라는 태양 앞으로 그가 강조하는 육체와 남성성을 자랑스럽게 드러낸다. 자신이 쓴 소설 속 인물이나 소설 속 인물이 동경하고 매혹되었던 〈보여지는 자〉들, 이를테면 성 세바스찬이나 파일럿, 사무라이, 청년 장교, 선원으로 분장한 채 스스로를 선보인다.

이런저런 감상에 빠져 저택을 올려다보다 고개를 돌렸다. 세 집 건너에서 머리카락이 철회색인 할아버지가 대문 계단에 놓인 화분으로 물뿌리개를 기울였다. 오르막길을 오르던 우체부가 할아버지와 인사한 뒤 가벼운 대화를 주고받았다. 우체부는 미시마의 저택 주위를 수상하게 얼쩡거리던 나를 곁눈질로 바라

보고는 곁을 스쳐갔다. 달랑거리던 우체부의 가죽 가방 속에 마고메 문사촌 곳곳의 우편함들이 발송지인 편지와 서류가 들어 있었을 것이다.

작가들의 소실된 주소지가 모여 있는 마을. 과거를 향해 편지를 쓴다면 내 편지는 영원히 도달 불능 상태에 빠져 있겠지만, 소실된 주소지로부터 우리에게로 지속적으로 도착하는 편지가 바로 문학 아닐까. 재건축된 빌딩과 연립 주택들 사이의 잃어버린 장소들에서 날아오는 문장들. 두터운 페이지들 사이에는 실종된 장소들이 건조된 압화처럼 보관되어 있을 것이다.

하야시 타다히코林忠彦가 찍은 미시마 유키오와 그의 집, 서양식 인테리어가 돋보인다.

작가의 사택이라기엔 유럽 귀족의 저택을 모방한 듯해 다소 과시적으로 보이지만, 미시마에게는 이런 저택이 어울린다.

담장에 쳐진 검은 펜스 사이, 순백의 야외 테이블이 비치된 정원 중심에 아폴론상 옆모습이 보인다.

13. 야마나카호 / 미시마 유키오 문학관

山中湖 / 三島由紀夫文学館

506-1 Hirano, Yamanakako,
Minamitsuru District, Yamanashi
506-296 Hirano, Yamanakako,
Minamitsuru District, Yamanashi

미시마 유키오 문학관三島由紀夫文学館이 위치한 야마나카호山中湖 일대는 신주쿠에 있는 고속버스 터미널인 〈바스타 신주쿠バスタ新宿〉에서 버스로 두 시간 내외면 도착한다. 후지산 자락에 위치한 다섯 개의 호수들 사이에서 가장 커다란 호수인 야마나카호 주변은 도쿄 근교로 향하는 관광객에게도 각광받는 장소다. 청명한 날에는 후지산富士山과 후지산 정상의 만년설이 그림처럼 걸려 있는 절경으로도 유명하다. 광활한 호수 위로 날개를 푸드덕거리는 하얀 야생 백조들이 노니는 지상 낙원...... 그것이 야마나카호를 검색했을 때 나오는 사진의 인상이었다.

책에 들어갈 문장들을 야마나카호로 출발하기 전부터 미리 준비해 두었다. 후지산이 원경으로 보이는 문학관의 사진을 촬영한 뒤, 미시마 유키오의 〈유키〉가 후지산의 만년설에서부터 왔다는 사실을 언급하면 어떨까. 그를 기념하는 문학관이 후지산 자락에 있다는 사실을 강조하고, 미시마의 필명을 지었던 시미즈 후미오가 보았던 후지산의 만년설과 내가 목격한 만년설이 다르지 않다는 사실을 슬쩍 이야기해도 좋겠다. 만년설을 그의 소설 『금각사』에 등장하는 〈금각〉으로 비유하고, 자연스럽게 그의 대표작인 『금각사』로 넘어가는 건?

그러나 이러한 내 구상은 보기 좋게 빗나갔다. 야마나카호로 향하는 고속버스를 탔던 날, 도쿄 전역에 호우주의보가 발령되었다. 전날까지만 해도 화창했던 하늘은 자욱한 먹구름이 끼어 우중충하고 을씨년스러웠다. M은 도쿄 촬영 때문에 샀던 카메라가 망가지지 않을까 전전긍긍했다. 후지산 쪽으로 짙은 안개의 장막이 드리워졌다.

야마나카호 앞 정류장에서 내렸을 때, 그 일대에는 내가 일본에 머무는 기간 중 가장 많은 양의 비가 쏟아졌다. 백조들 사이의 한가로운 산책을 그려 보았던 희망은 좌절되었고, M과 나는 버스에서 내리자마자 주변에 있는 식당으로 피신할 수밖에 없었다. 정갈한 차림의 텐동 정식은 맛있었지만 시름은 깊어졌다. 식당에 맑은 날씨를 기원하는 테루테루보즈照る照る坊主가 걸려 있었는데, 창밖에서는 물보라가 계속되었다.

야마나카호 앞 정류장에서 내렸을 때, 그 일대에는 내가 일본에 머무는 기간을 합쳐 가장 많은 양의 비가 쏟아졌다.

안개 속으로 자취를 감춘 후지산처럼, 나는 버스 차창 밖을 바라보며 생각의 오리무중 속을 헤맸다. 대체 왜 미조구치는 금각을 불태워야 했을까? 물론 『금각사』는 실제로 있었던 금각사 방화 사건을 소재로 삼은 소설이며, 금각이 불타는 결말은 집필 전부터 예정되어 있었을 것이다. 『금각사』의 말미에 미조구치는 금각에 방화를 저지른 뒤 금각이 보이는 뒷산으로 도망친다. 치솟는 불길이 금가루처럼 흩어지는 한밤의 교토를 내려다보며, 〈일을 하나 끝내고 담배를 피우는 사람이 흔히 그렇게 생각하듯이, 살아야지〉라고 되뇌인다.

『금각사』는 미시마의 대표작으로 널리 알려진 작

품이며 서사도 간단하지만 해석하기 어려운 중의적인 뉘앙스가 절묘한 작품이다. 소설은 방화까지의 명료한 사건의 인과를 따라 전개되지 않고, 〈금각〉의 미에 대한 동경과 공격성, 사모와 증오의 아이러니로 점철된 주인공 미조구치의 혼란스러운 독백이 대부분을 차지하기 때문이다.

주인공인 미조구치의 인물상은 전형적인 콤플렉스 덩어리의 추남이며, 미조구치가 가진 절대미에 관한 집착은 징글징글할 정도라 호불호도 많이 갈린다. 대체 왜 금각에 불을 지른 거야? 라고 묻는다면 마땅한 정답을 구하기 어렵겠지만, 미시마가 구상한 미의 속성에 대해 어느 소설보다 풍요로운 단서를 찾아볼 수 있는 소설이다. 도쿄를 여행하며 미조구치가 금각을 불태운 이유에 대한 나만의 대답을 구하고 싶었다.

교토를 여행했을 때 금각이 있는 녹원사鹿苑寺에 방문했었다. 1950년 화재로 전소된 금각을 1955년에 복원한 건물이다. 솟아난 황금 전각의 모습을 우러러 보며 『금각사』를 떠올렸는데, 때문에 전각이 아닌 금각의 물그림자를 비추는 교코치 연못에 시선을 빼앗겼다. 소설 속에서 미조구치가 매혹된 것은 실재하는 〈금각〉이지만, 또한 흔들리는 잔물결 속에서 어른거리는 허상으로서의 〈금각〉이기도 하다. 금각은 실제와 허상 사이의 징검다리에서 태연자약한 아름다움을 발산하며 미조구치를 괴롭힌다. 이제 몇 가지의 질문을 통해 『금각사』에 관해 이야기하며 미시마 유키오 문학관을 향해 거닐어 보려 한다.

〈금각〉의 절대미

미조구치의 〈금각〉은 우리가 살아가는 경험 세계 바깥에 존재하는 절대미를 표현한다. 금각의 절대미는 영원하며 불멸하고, 경험 세계의 필연적인 법칙일 소멸과 쇠락을 거부한다. 금각은 현실의 변화와 흐르는 시간에 의한 오염과 부식 작용을 중단하면서 미조구치의 관념 속에서 솟아오르는 불멸의 아름다움이다. 우리의 경험 세계에 실재할 리가 없기 때문에, 실제로 목격하기 전부터 아버지의 이야기에서 판타지를 키웠던 미조구치에게 이 절대미는 그의 심상 세계가 실재의 금각에 투사된 결과다. 〈금각〉이란 미조구치의 환상과 실재하는 금각의 결합인 셈이다.

    소설 속에서 미조구치가 내내 고통받는 이유는 현세 바깥에서 자신을 내려다보는 절대미의 응시에 사로잡혀 있기 때문일 것이다. 미조구치는 절대미의 응시에 노출되는 한편 이에 과도하게 매혹된다. 절대미란 무엇일까? 소설 속에서 〈금각〉의 절대미는 생의 부식이나 현세의 유한성에 침해받지 않는 경이롭고 완전한 아름다움의 표상이지만, 동시에 호사스럽게 치장된 허무와 죽음의 건축물(정성스럽게 구축되고 조형된 허무)로 묘사된다. 절대미가 허무나 죽음과 관계되는 까닭은 자명하게도 그것이 망각과 쇠락을 동반하는 우리의 삶, 생성과 소멸이 반복되는 생의 시간 바깥에 위치하기 때문이다. 이 절대미는 생의 바깥이라는 불가지의 관념적인 세계에서 모습을 드러내는 실체 없는 가상이자 불변하는 공허, 사막 한가운데 풍문으로 건립된 모래 신전처럼 불모성을 띠는, 접촉할 수 없는 아름다움이다.

예컨대 이는 밤하늘에 걸린 달과 같은 아름다움이다. 달은 지구에 인간 종족이 번성한 뒤 영원에 가까운 시간 동안 같은 모습으로 하늘에서 아름다운 빛을 발했겠지만, 우리가 사는 지구 바깥에 있기에 풀 한 포기 자라지 못하는, 황량하고 삭막하기 짝이 없는 아름다움일 것이다. 우주선에 탑승하지 않는 이상 그곳으로 향할 수도 없는 아름다움. 게다가 달은 캄캄한 밤하늘을 배경으로 더욱 찬란하게 빛나는데, 금각의 절대미 또한 아이러니하게도 불완전한 우리의 경험 세계를 배경으로, 이른바 〈절대적이지 못한 현실의 모든 것〉을 바탕으로 환상으로서의 아름다움을 무럭무럭 키워간다. 절대미는 『금색』의 노작가 슌스케의 말처럼 〈생의 알파〉이자 생의 불가능성의 총합이다. 〈여기 없는 것〉들의 총합. 삶의 공간에서 가장 〈여기 없는 것〉이란 죽음이며, 죽음을 아름답게 만드는 것 또한 죽음을 둘러싸고 있는 불완전한 삶의 시간이다. 그렇기에 미조구치의 관념 속에서 금각의 겉모습은 황금빛으로 황홀하게 빛나지만, 동시에 금각의 내부는 〈육중하고 호사스러운 어둠〉의 불가해함으로 가득할 수밖에 없다. 덧붙여, 달은 실재하지만 금각의 절대미는 미조구치의 관념 속에서만 존재한다. 절대미의 건축술이란 이러하다.

그것은 완전을 꿈꾸면서도 완전을 모르는 채, 다음의 미, 미지의 미로 유혹되고 있었다. 그리하여 예감은 예감으로 이어지고, 하나하나의 여기에 존재하지 않는 미의 예감이, 소위 금각의 주제를 이루었다. 그러한 예감은, 허무의 징조였던 것이다. 허무가 이러한 미를 만든 것이다. 그렇기에 미의 이러한 세부적인 미완성에는, 저절로 허무의 예감이 포함되어, 가느다란 나무로 만든 섬세한 이 건축은 영락의 바람에 흔들리듯이, 허무의 예감에 떨고 있었다.
―『금각사』 중에서

    완전성을 성립시키는 근거란 그것의 부재이며, 부재 속에서 절대미는 간신히 완전성의 지향과 예감이라는 불안한 상상력의 건축술을 통해 미지와 불가지

(허무와 미완성)를 향해 완전성의 환상을 펼쳐 나간다. 절대미의 눈부신 완전성이란 배경에 드리워진 어둠과 허무를 통해, 절대미를 에워싼 그것의 부재를 통해 솟아오른 사상누각인 셈이다. 이는 금각이 이 세상에 존재하지 않는 허무이자, 금각의 절대미에 대한 미조구치의 집착을 탄생시키는 원리 또한 절대미가 부재하는 경험 세계의 허무라는 사실을 드러낸다.

미조구치와 〈금각〉

문제는 미조구치가 〈금각〉에 대해 갖는 과도한 애정과 질투일 것이다. 절대미는 아름다움에 속박된 미조구치에게 그의 현실을 절대미의 높이에서 상대화하고 폄하하도록 이끄는 얄궂은 주범이다. 머릿속에서 제왕처럼 군림하는 절대미는 추한 용모와 말더듬증의 콤플렉스로 점철된 미조구치의 자기혐오를 촉발할 뿐만 아니라, 점차 황홀한 가상으로 자리매김하며 그를 현실에 적응하지 못하도록 방해한다.

상상해 보자. 우리가 일상 속에서 〈절대미〉를 끊임없이 의식하며 살아간다면 어떤 일이 벌어질까? 타인이나 자신을 진심으로 사랑할 수도, 주어진 일상을 소중하게 여길 수도, 삶에의 참된 몰입과 관심을 유지할 수도 없을 것이다. 절대미라는 까다롭고 무시무시한 검열관이 일상에서 치르는 모든 경험을 한시적이며 불완전한 것으로, 누추하고 허망한 것으로 판정할 것이기 때문이다. 그렇게 〈금각〉은 미조구치가 투명한 삶의 실상과 온전하게 맞대면하는 일을, 이를 긍정하고 수용하는 일을 가로막는다.

게다가 절대미는 미조구치가 현실에서 경험할 관능의 기회 또한 가로막는다. 관능과 미의 극치인 금각은 미조구치가 여성들과 관능적 접촉을 시도하려 하면 번번이 앞에 나타나 그를 여성들에게서 갈라놓는다. 〈금각〉은 미조구치의 마음에 솟아오른 불쾌한 장벽인 셈이다. 자신과 타자 사이를, 혹은 자신과 세계 사이를 차단하며 불가사의한 모습으로 솟아오른 금각은 미조구치를 이중으로 소외시키는 환상이다. 콤플렉스와 자기혐오에 사로잡힌 미조구치는 이미 절대미로부터 소외된 사람이지만, 동시에 내면에 자리한 절대미가 그를 현실로부터도 소외시킨다.

미조구치는 일상 세계의 친숙한 의미와 연결되지 못하고 금각의 환상이 관념 속에서 발산하는 어마어마한 에로스와 연결된다. 절대미인 금각에 비춰 세상을 바라볼 때, 세상은 그것이 부재하는 환멸의 공간으로 격하된다. 그러나 절대미는 무력하며, 누추한 일상 속에서 미조구치 내면의 허상에 불과하다. 미조구치는 현실과 자신 사이에 자리한 금각이라는 장벽을 끊임없이 의식하는 한편 금각의 눈으로 세상을 바라본다.

> 삶이 나에게 접근하는 순간, 나는 내 눈이기를 포기하고, 금각의 눈을 내 것으로 삼고 만다. 그때야말로 나와 삶과의 사이에 금각이 나타나는 것이다.
> ―『금각사』중에서

그 결과는 다음과 같다.

> 영원의, 절대적인 금각이 출현하여, 내 눈이 그 금각의 눈으로 변할 때 세계는 이처럼 변모한다는 사실을, 그리고 그 변모한 세계에서는 금각만이 형태를 유지하고 미를 점유하여, 그 밖의 것들은 모두 흙먼지로 만들어 버린다는 사실을 이 이상 장황하게 설명하지는 않겠다.
> ―『금각사』중에서

말더듬증은 미조구치를 그토록 동경하는 절대미에 구속되게끔 만들었으나, 그 이유 역시 금각에 있다. 세계와의 의사소통을 가로막는 금각의 절대미가 미조구치의 말이 현실로 원활하게 풀려나오는 일을 매번 방해하기 때문이다. 〈금각〉은 그의 마음을 지배하는 〈번뇌의 우상〉이며, 현실의 삶을 살아가기 위해서 반드시 없어져야 마땅할 위력적인 허상인 셈이다.

그런데 여기서 다른 질문이 생겨난다. 금각, 혹은 절대미를 불태운다는 것은 미적이지 않은 삶을 수용하는 문제, 미조구치의 타락과 연결되기 때문이다. 금각은 환상이자 번뇌의 우상일 뿐인데, 그것이 없으면 미조구치는 스스로의 타락을 막을 수가 없다…….

이런 질문들을 붙들고, 세찬 폭우 속 철벅거리는 물웅덩이를 밟으며 미시마 유키오 문학관까지 걸었다. 그야말로 물에 빠진 생쥐 꼴이었고, 광활하게 펼쳐진 야마나카호는 희부연 수증기에 휩싸여 있었다. 문학관 근방에는 〈야마나카호 문학의 공원〉이 조성되어 있다. 공원에는 야마나카호와 후지산의 경치를 묘사했던 옛 일본 시인들의 하이쿠가 새겨진 시비가 곳곳에 흩어져 있다. 일본 시인들은 백로가 노니는 야마나카호를 후지산의 눈동자로 비유하기도 했던 모양이다.

비석을 찾다 빗발치는 폭우 때문에 포기하고 우거진 수림 안쪽의 문학관으로 향했다. 미시마 유키오 문학관은 숲에 가려진 단층의 야트막한 벽돌 건물이다. 투명한 통창 밖으로 그의 마고메 문사촌 저택에 있는 것을 본뜬 아폴론상의 모조품이 서 있다. 태양신 또한 내 바지 밑단처럼, 망토가 흠뻑 젖어 있었다. 그리스 전통 의상 사이로 삐져나온 어깨가 늠름하다기보다는 가냘프게 느껴졌다.

전시관 안으로 들어서면 커다란 유리 액자 안에 그가 출간했던 1백여 권의 책이 순서대로 전시된다. 『꽃이 한창인 숲』에서 『난릉왕蘭陵王』(1971)까지. 그의 짧은 생을 고려하면 어마어마한 숫자였다. 보랏빛 양장에 사슴과 뱀이 인쇄된 〈풍요의 바다〉 네 권의 표지 삽화는 아름다웠고, 뭉크Edvard Munch의 「절규」를 연상시키는 무표정의 불안한 인간이 그려진 『가면의 고백』 표지 삽화는 소설의 내용과 잘 어울렸다. 『금각사』의 표지 삽화는 내용에 비해 수수했지만, 잘 들여다보면 색바랜 표지 위로 불길이 일렁거리는 모습이 엿보였다.

내부에는 주요 작품들을 중심으로 소년기부터 말년까지 미시마가 남긴 흔적과 사진들이 전시된다. 초등학생 미시마가 그린 귀여운 그림이나 작문 숙제부터 『꽃이 한창인 숲』 육필 원고, 서한과 사진, 창작 취재 노트, 미시마의 서재를 재현한 철제 책상까지. 전시실의 구조는 미시마의 생애사를 따라간다. 일본 낭만파 문인들의 총애를 받는 문학 소년으로서 『꽃이 한창인 숲』을 출간했던 10대, 『가면의 고백』과 『사랑의 갈증愛の渴き』(1950)을 집필하며 전후 문단의 일원으로서 집

필 활동에 박차를 가하던 20대, 〈자기 개조〉 이후 『금각사』로 유명세를 누리며 명실상부하게 일본 문단을 대표하는 소설가가 되어 다양한 활약을 펼쳤던 30대, 〈풍요의 바다〉를 집필하며 행동가로 변신해 〈문무양도〉에 도전하던 40대. 미시마 유키오의 삶과 문학 세계가 파노라마처럼 지나간다.

작품 옆에 붙은 꼭지에서 작품에 대한 소개와 함께 미시마의 생애에서 해당 작품이 어떤 위상을 갖는지를 친절한 문구로 설명한다. 〈지금까지의 미시마 작품은 재능만으로 쓰인 가짜 문학으로 알려졌지만, 『가면의 고백』으로 평가가 뒤집힙니다. 보디빌딩은 단조로운 스포츠라 많은 사람이 쉽게 질리지만, 미시마는 정해진 훈련에 꾸준히 매진했습니다. 미시마는 UFO를 믿었으며, 《하늘을 나는 비행접시 연구회》의 회원이기도 했습니다.〉 일상적인 사진들과 함께 그의 생애사 내의 자질구레하고 디테일한 모습들이 실감나게 적혀 있어 생전의 〈미시마 유키오〉를 구체적으로 체험할 수 있는 공간이었다. 〈서른한 살의 미시마는 『금각사』로 문단의 가장 높은 무대에 우뚝 섭니다.〉 문학관에는 그가 언어로 건축한 가장 심술궂은 건축물인 〈금각〉을 연상시키는 황금색 조형물이 있었다.

다시, 〈금각〉을 불태우기로 결심한 미조구치에게로 돌아가자.

미시마 유키오 문학관은 숲에 가려진 단층의 야트막한 벽돌 건물이다.

악은 가능한가?

금각을 불태우기로 결심한 미조구치의 머릿속에는 〈악은 가능한가?〉라는 기이한 물음이 싹튼다. 미국인 장교의 명령으로 일본인 매춘부의 배를 밟았을 때, 미조구치는 자신의 못된 행동에 깃든 사디즘적 쾌락이 금각에 대한 배신과 연관된다는 것을 인지하고 죄책감을 느낀다. 그는 어린 시절 질투심에 아름다워 보이던 일본군 장교의 칼집을 남몰래 훼손했었는데, 그는 이러한 사악한 욕망이 자신 안에 도사린다는 사실을 일찍이 눈치챈 사람이다. 미조구치의 〈금각〉을 업신여기는 가시와기는, 자기혐오를 극복한 인물이지만 또한 자신의 콤플렉스를 매력의 수단으로 영리하게 이용하며 만나는 여성들을 희롱하고 기만하는 사람, 미조구치에게 〈금각〉의 허상성과 환영성을 인정하라고 끊임없이 종용하는 인물이다.

 미조구치의 〈금각〉은 이러한 모든 악에 대립한다. 전쟁 도중, 미조구치는 선과 순수의 화신인 쓰루카와에 매혹된다. 쓰루카와가 추악한 자신의 본성을 태양처럼 따뜻하게 비춰주는 것을 느끼며 그를 자신의 양화陽和라고 여기게 된다. 쓰루카와야말로 미조구치가 가진 금각에의 판타지와 어울리는 인물인데, 전후 그가 자살한 이유를 듣는 과정에서 자신이 생각했던 것만큼 선하지 않았다는 사실을 깨닫는다. 천지사방에 널린 악을 깨닫고, 인간의 불완전성을 깨닫는 과정은 〈금각〉의 허상성을 자각하는 일에 동반된다.

따라서 금각의 무력함은 그를 받아들이지 않으면서도 열렬하게 매혹되었던 절대 선의 무력함이자, 마음속 검열관으로 자리 잡혔던 윤리적 장벽의 붕괴를 뜻한다. 금각은 번뇌의 우상이자 내면의 검열관이지만, 동시에 탐미적 애착을 통해 악으로 기울어지지 않도록 미조구치를 제지했던 미적 이상이기도 하다. 〈금각〉을 불태운다는 것은 허상으로부터의 해방, 마음의 장벽으로부터의 탈출이라는 긍정적인 의미를 갖지만, 금각이 부재하는 조야하고 추악한, 사악하며 공허한 삶을, 내면의 악이나 지배욕, 비윤리적인 쾌락을 수용하는 문제와도 연관되며 부정적인 의미도 갖는다.

무엇보다 미조구치의 〈악〉 자체가 금각에 대한 반역의 욕망이기도 하다. 그러나 그것이 허상인 세계에서는 이 반역의 충동도 아무것도 아닌 것이 된다. 금각을 불태우기로 작정한 미조구치는 일상 속에서 타락의 실험을 거듭한다. 매춘이라는 확고부동한 타락 속에서 총각 딱지를 떼는 일에 성공하며, 여성과의 관계에서 금각을 떠올리지 않는 일에도 성공한다. 금각이 있는 세상에서 악은 불가능하지만, 금각이 없는 세상에서 악은 가능하다. 금각의 잿더미를 딛고 미조구치는 악이 난무하는 세계, 악조차 아닌 악이 난무하는 세계를 살아가게 될 것이다.

『금각사』는 철저히 나르시시즘적인 드라마다. 〈금각〉은 미조구치 내면의 거울이며, 거울에 비친 자신일 것이다. 미조구치는 거울 속의 금각을 바라보며 거기에 미치지 못하는 자신 때문에 자기혐오를 느낀다. 거울 속의 자신인 〈금각〉의 눈으로 세상을 바라보며 추악한 세상의 부적응자가 된다. 가시와기는 거울의 환영에서 등을 돌리고 〈보는 자〉가 되라고 미조구치를 설득한다. 그것은 미조구치의 윤리적, 미적 판타지였던 금각을 상실하는 일과도 같다. 금각을 불태우는 행위는 자신 안의 거울을 파괴하는 행위지만, 순수하고 완전한 미에 대한 기대와 애착이 끝장나는 일과도 동일하다. 〈금각〉이 사라진 세계는 말을 더듬지 않아도 되는 세계, 허위의식과 악에 대한 망설임과 저항이라는 반성적 거울도 상실한 세계다.『금각사』는 이러한 딜레마와 곤경 속에서의 성장을 그리고 있는 셈이다.

『금각사』와 미시마

탐미주의 소설의 가면을 쓰고 있는『금각사』에는, 소상히 살펴보면 전후의 미군 점령기와 역사의 전환기를 통과하는 미시마의 인식이 숨겨져 있다.

전환기의 일본은 금각에 대한 미조구치의 견고했던 환상이 위기를 겪는 시대다. 〈금각〉에의 판타지는 전후의 일상에서 늘 배반될 수밖에 없으며, 내면의 장벽이나 번뇌의 우상으로 고립화된 채 타인이나 세계와 소통할 수는 없는 것으로 밝혀진다. 절대미의 완전성과 신비의 오라가 해체된, 속악하고 공허한 시대에서 미조구치만이 시대의 조류에 편승하지 못한 채 절대미의 광휘에 매달리고 있는 셈이다. 이는 결국 〈세계가 망하리라는 예감〉 속에서 방화를 결행하는 미조구치의 선택으로 이어진다.

미시마에게 〈금각〉은 무엇이었을까? 어린 시절의 낭만적 몽상을 통해 만들어낸 불후의 아름다움, 그것은 전후 사회의 견딜 수 없는 허위 속에서도 비애감과 멜랑콜리의 광채를 발했겠지만, 그를 시대에 적응하지 못하도록 만드는 지나간, 퇴행한 아름다움이었을 것이다. 몰락한 과거의 환상이나 불가능해진 영원한 아름다움을 향한 뒤늦은 애착이 담긴 애물단지 같은 것. 〈악은 가능한가?〉라는 미조구치의 물음은, 〈전후의 일상은 가능한가?〉라는 『가면의 고백』의 물음으로 대체될 수 있을지도 모르겠다.

미조구치가 금각과 연대감을 느꼈던 순간은 전쟁 도중 공습이 퍼부어지던 교토다. 그는 죽음이 자신과 금각을 향해 공평하게 엄습하길 바라며, 괴리되었다고 여겼던 금각의 파멸과 자신의 파멸이 동일시되는 기이한 연대의 순간, 축제의 열기를 체험한다. 그들에게 죽음이 가능했다면, 죽음은 미조구치와 금각을 함께 들어올려 〈비극적인 미〉라고 하는 공동의 유토피아 속으로 데려갔을 것이다. 그러나 금각은 불타지 않은 채 빛바랜 유물로 전락한다. 미조구치는 다시 미로부터 소외된다. 미를 향한 광적인 사랑과 미로부터의 소외라는 뿌리 깊은 진실은 다시 억압된 내면으로, 허위와 일상생활의 가면 속으로 유폐된다.

금각을 불태워야 한다

이 소설에는 두 가지 해탈의 우화가 등장한다. 이중 첫 번째 우화, 〈남전참묘南泉斬猫〉는 이런 이야기를 담고 있다. 중국의 선승 남전은 절의 스님들이 고양이를 두고 싸우는 것을 보고 그 고양이를 베어 버린다. 그날 밤 제자인 조주가 절로 돌아왔는데, 남전이 낮의 일을 말하자 조주는 신발을 벗어 머리에 이고 밖으로 나가 버린다. 남전은 조주가 그 자리에 있었더라면 고양이를 베지 않아도 되었을 것이라고 탄식한다.

　이 고양이를 〈금각〉, 즉 번뇌의 우상으로 읽는다면

미조구치는 남전처럼 금각을 베는 〈살불살조殺佛殺調〉를 행한다. 이것이 두 번째 해탈의 우화다. 〈부처를 만나면 부처를 죽이고 조사를 만나면 조사를 죽여라〉. 그런데 금각이 마음의 거울에 불과하다는 사실을 고려할 때, 미조구치는 금각을 죽이지 않고 그저 환상의 덧없음을 깨우치는 조주의 길을 택할 수도 있었을 테다. 하지만 미조구치는 이에 안주하지 않고 금각을 불태운다. 방화하기 직전, 미조구치는 금각의 무상함을 자각한 뒤 절대미에 대한 궁극적인 성찰에 다다르며, 더는 금각이 자신을 괴롭히지 않는다는 사실도 깨닫는다. 방화는 무의미하다. 그러나 미조구치는 이러한 인식의 변화만으로는 불충분하다고 느끼며 현실의 〈행위〉를 향해 나아가는 아수라의 길을 선택한다. 그에게 방화란 일종의 상징적인 결착을 짓는 일인 셈이다.

미시마는 어떨까. 이 우화에 미시마의 이분법을 대입하면, 조주는 신발을 머리에 이며 번뇌의 덧없음을 통찰하는 가시와기(보는 자-인식자)의 길일 것이다. 남전은 금각을 실제로 불태우는 미조구치(보여지는 자-행위자)의 길일 것이다. 문무양도에 도전하는 미시마의 마지막 소설 〈풍요의 바다〉가 〈조주-인식자〉로서의 그가 들여다보는 초월과 해탈, 윤회전생과 공문 뒤뜰의 텅 빈 정원에 다다르기 위한 문文의 길이라면 〈미시마 사건〉은 그럼에도 불구하고, 무용성과 무의미를 딛고 저지르는 〈남전-행위자〉로의 도약인 미조구치의 길, 무武의 길일 것이다.

전반기까지 미시마를 괴롭히던 미로부터의 소외와 단절감, 질투와 자기혐오라는 주제는 〈자기 개조〉를 거치며 차츰 사라진다. 그는 미조구치처럼 내면의 〈금각〉을 베어 버리는 한편, 자신의 나약한 애증과 집착을 파괴한다. 금각은 작열하는 불길 속에서 장엄하게 소멸하며 미시마가 꿈꿨던 비극적인 아름다움을 잠시 동안 회복한다. 미시마는 금각이 죽은 시대를 살아가리라 결심하고, 잿더미 속에서 〈새로운 금각〉을 쌓아 올린다. 그것은 동경 속에서 우러러보았던 허상 속의 금각이 아니라 자신이 창조할 작품으로서의 〈금각〉, 〈자기 개조〉를 통해 완성될 현실의 〈금각〉이다. 훗날 미시마는 그렇게 탄생한 작품을 불태우며 스스로의 삶에 가혹한 결착을 선물할 것이다. 〈금각〉으로서의 작품인 자기 자신에게, 미의 종결이자 완성인 자기 자신의 죽음을 선물할 것이다.

『금각사』의 결말에 관해 곱씹으며 미시마 유키오 문학관에서 나와 야마나카호 쪽으로 내려갔다. 퍼붓는 비에 아랑곳하지 않고 백조 몇 마리가 야마나카호 위를 부드럽게 유영했다. 검은 우산을 쓰고 선착장에 쪼그려 앉아, 모였다 흩어지는 백조들을 한참 동안 바라봤다. 쓸쓸했지만 경이로웠고, 백조들은 날아가지 않고 가끔 수면 아래로 구불구불한 머리를 넣었다가 가끔 날개를 털었다. 비를 맞아 부글거리는 수면 위를 미끄러지듯 주유했다. 끝내 날이 개지 않았고, 혼탁한 안개를 한 겹 걷으면 나타날 〈후지산-금각〉은 모습을 드러내지 않았다.

몇 개월 뒤 겨울, 새로 번역된 〈풍요의 바다〉 제3권 『새벽의 사원』 속에서 후지산과 야마나카호를 묘사하는 대목을 발견했다. 먹구름 사이로 가려졌던 후지산이 그의 소설 속에 있었다. 소설의 주인공인 혼다에게 후지산에 내리는 눈보라는, 하얀 옷을 입은 두 여인이 산꼭대기에서 춤을 추는 환영을 불러일으킨다. 후지산은 〈냉정하고 적확하면서 바로 그 순백의 차가움으로 모든 환영을 허락〉하는 장소다. 〈극한의 차가움에는 현기증이 있〉고, 〈극한의 이치에도 현기증〉이 있다. 그는 야마나카호를 에워싼 듬성듬성한 숲이 얼어붙은 눈에 덮여 있는 광경을 그린다. 내가 글을 쓰는 책상에서 존재하지 않는 후지산은 물안개 너머의 영원한 침묵을 응시하는 누군가의 시선 속에 실존한다. 〈어쨌든 혼다는 보았다. 보는 자와 그런 줄 모르고 보이는 자는 이미 뒤집어진 세계의 경계에 서로 몸을 맞대고 있었다.〉

미시마 유키오 문학관의 명패.

산책길 4 어둠에서 태양으로

#산책길 5
- 문무양도:
마지막을 향하여

14. 요코하마 모토마치 /
    모토마치 공원
15. 요코하마 외국인 묘지
16. 야스다 강당
17. 시부야 구립
    나베시마 쇼토 공원 /
    구 마에다 후작 양관

- 36세(1961) 「우국憂国」 발표. 『짐승들의 유희獣の戯れ』가 출간된다.
- 37~38세(1962~1963) 아들 태어남. 『나의 편력 시대私の遍歴時代』를 연재한다. 일본 민족주의 계열의 작가인 하야시 후사오林房雄에 대한 비평을 담은 『하야시 후사오론林房雄論』를 발표해 우익적 성향을 드러냈고, 일본 영령에 대한 애도를 담은 「십일의 국화十日の菊」로 요미우리 문학상 희곡 부문을 수상한다. 사진집 『장미형薔薇刑』을 발간해 육체미를 과시한다. 『오후의 예항午後の曳航』이 출간된다.
- 39~40세(1964~1965) 『비단과 명찰絹と明察』로 마이니치 예술상 문학 부문 수상. 〈풍요의 바다豊饒の海〉 구상을 시작하고, 나라 현과 방콕에 들러 취재한다. 스스로 감독과 주연을 맡은 영화 「우국」을 완성했으며, 『봄눈春の雪』 연재를 시작한다. 희곡 『사드 후작 부인サド侯爵夫人』이 출간된다. 노벨 문학상 후보에 오른다.
- 41세(1966) 희곡 『사드 후작 부인』으로 문부성 예술제상 연극 부문을 수상한다. 〈2.26 사건〉을 다룬 단편집 『영령의 소리英霊の聲』가 출간된다.
- 42~43세(1967~1968) 〈풍요의 바다〉 제2권 『달리는 말奔馬』 연재 시작. 여러 차례 자위대에 체험 입대해 훈련하며 우익 단체인 〈방패회〉를 결성해 활동을 시작한다. 「문화방위론文化防衛論」을 잡지에 발표해 우익적 성향

을 격화시킨다. 『태양과 철太陽と鉄』, 『나의 친구 히틀러 わが友ヒットラー』가 출간된다. 검도와 가라테 수련을 계속한다.

◦ 44세(1969) 도쿄대 전공투와의 토론에 참가. 정치 평론을 모은 『문화방위론』이 출간된다. 『봄눈』과 『달리는 말』이 출간된다. 〈풍요의 바다〉 제3권 『새벽의 사원曉の寺』 연재에 돌입한다.

산책과 함께할 책

『문화방위론文化防衛論』, 1969

정치, 문화적 비평서이면서 미시마가 자신의 철학과 천황주의 신념을 급진적이며 노골적으로 드러낸 에세이다. 그는 이 책에서 <문화>는 일본의 예술 작품만이 아니라 과거로부터 유구하게 계승되었던 공동체의 도덕적인 형식이라고 주장한다. 일본 문화의 핵심에 정신적 구심점인 <천황>을 놓고, <일본적 윤리 형식>으로서의 사무라이 도덕을 옹호하는 한편 자신이 창단한 군사 조직 방패회楯の会를 천황을 수호하는 <미의 특공대>라고 천명한다. 후기 미시마의 사상을 가장 적나라하게 드러내는 책으로, 비평과 정치적인 선언문 말고도 당대 좌파 학생들과의 토론, <문무양도文武兩道>의 철학을 담은 에세이들이 폭넓게 게재되어 있다. 한국 독자 입장에서는 불온하고 위험하며 까다롭지만, 어떤 책보다 당대의 현실을 향해 뛰어든, 날것 그대로의 미시마가 담겨 있는 책이다. <문화란 무엇인가>라는 주제에서부터 출발해, 일본적 전통의 복원, 문화 개념으로서의 천황제, <2.26 사건>, 미야비雅び, 무武의 회복을 말한다.

『오후의 예항午後の曳航』, 1963

미시마의 후기 소설. 배경은 요코하마 항구, 부유하고 세련된 젊은 미망인 후사코와 바다와 선원의 세계를 동경하는 아들 노보루, 젊은 선원인 류지 사이에 펼쳐지는 사랑과 범죄의 드라마를 중편 분량으로 다뤘다. 후사코와 류지는 요코하마 항구에서 만나 달콤한 사랑에 빠지고 결혼을 약속한다. 그러나 노보루와 그의 친구들은 <선원의 영광>을 버리고 가족 제도와 일상에 순응하려는 류지의 모습을 추락과 타락으로 간주한다. 미시마의 영웅 판타지와 선원 판타지가 투명하게 드러나는 한편, 미시마 소설의 환상 구조와 반동적인 사회 인식도 엿보인다. 결국 소년들은 류지를 처단하기로 하며, 류지는 영원한 선원의 모습으로 〈영광의 맛은 쓰다〉는 생각 속에서 절명 직전에 이른다. 소설의 1부인 〈여름〉 챕터는 연애담으로서 류지와 후사코 사이에 흐르는 사랑과 관능의 기류가, 2부인 〈겨울〉 챕터는 범죄 소설로서의 서사적 긴장감이 팽팽하게 조율되어 재밌게 읽힌다.

〈풍요의 바다豊饒の海〉 제2권 『달리는 말奔馬』, 1969
미시마 유키오의 대하소설 〈풍요의 바다〉 4부작 중 제2권. 쇼와 시대, 주인공 이사오는 비밀 테러 단체를 조직해 천황을 위한 혁명과 부패한 인사들에 대한 암살을 기도한다. 그는 검술에 능한 고등학생이자 과거 서구에 대항한 일본 사무라이에 애착과 향수를 가진 인물이다. 이상적인 열정으로 불타는 열혈 청년이지만, 일본적 순수에 대한 강박적 열망과 할복에 대한 순정을 지닌, 폭력적이며 과격한 인물이기도 하다. 소설 속 이사오가 가진 대의와 애국심은 결국 실체 없는 허상임이 밝혀지며, 이사오의 할복과 암살은 불안정한 청년기의 자의식, 퇴로 없는 〈순수〉의 결합이 낳은 패착과 고집에 불과하다. 그러나 미시마는 이러한 이사오의 모습을 수려하게 때로는 신화적으로 묘사한다. 그는 이 소설을 집필하는 기간 자위대에 체험 입대를 하며, 방패회를 조직하고 현실 참여로 나아가는 가운데 〈미시마 사건〉 준비에 돌입한다. 〈태양은 눈꺼풀 뒤에서 밝게 솟았〉다고 끝맺는 『달리는 말』의 마지막 문장은 「우국」과 함께 미시마가 구상한 할복의 미를 가장 잘 보여 준다. 이사오는 〈미시마 사건〉으로 나아가는 미시마의 일그러진 분신이다.

+ 2.26 사건과 「우국」,
미시마의 천황주의

시간을 돌이켜 보자. 남성적인 육체와 영웅적인 순교를 갈망했던 소년기의 미시마가 있다. 죽음의 영광을 동경하면서도 이로부터 소외된 채 문학이라는 은밀한 반역을 꿈꿨던 문학 소년. 사무라이의 칼집을 훼손하던 탐미주의적 이단자. 예술 지상주의자의 가면을 쓰고 자기기만과 냉소 속으로 스스로를 숨겼던 청년기의 미시마가 있다. 부정적인 현실에 눈을 감고 마음의 〈칼〉을 깊은 다락에 감춘 채 예술이라는 〈국화〉를 가꾸던 무력한 청년 소설가.

미시마 유키오라는 작품은 이러한 서사적 타임라인을 지나와 장년기에 접어든다. 어떻게 잘 끝낼 수 있을까. 그것은 작품의 완결을 위한 소설가들의 흔한 고민이다.

미시마에게 작품의 완성이란 곧 작품의 붕괴를 뜻한다는 사실을 먼저 알아 두자. 고전주의적인 질서의 건축(로고스와 조형미)은 완벽한 건축물을 부수며 한순간에 재앙처럼 들이닥치는 낭만주의적 붕괴(파토스와 숭고미)를 위해 예비된다. 바벨탑이 무너지기 위해서는 바벨탑을 지어야 한다는 것, 그리고 바벨탑의 경이로운 붕괴란 무너지지 않을 것처럼 견고하고 튼튼하고 정연한 건축술로만 가능해진다는 것이다.

아폴론과 디오니소스처럼 대극對極으로 나뉘었던 이분법의 구조란 실은 의존적이자 상보적이라는 사실이 밝혀지며, 양자는 죽음을 통해 현실화되는 궁극의 영광스러운 덧없음으로 이끌린다. 양자는 미시마가 양명학의 태허太虛라고 부르는 모든 환상이 소멸된 공허한 하늘 위로 상승하고, 그곳에서 아폴론(질서)과 디오니소스(혼돈)는 둘 사이의 우로보로스적 결합인 미의 총체성을 완성한다. 궁극의 미는 일본도의 공격처럼 단 한 순간에 격발해 불꽃처럼 소진되는 허망한 죽음이지만, 그때 산출되는 미는 한 순간의 허망한 파괴를 위해 집결하는 무한하고 장구한 일본 전통의 역사다. 즉 그것은 영원한 허망일 것이다.

『새벽의 사원』에서도 궁극의 미는 황혼의 태양으로 비유된다. 태양이 쇠하며 대낮 동안 첩첩이 쌓아 온 문명의 질서가 혼미하게 파괴되는 가운데 그저 황홀한 미적 표현만을 수행하며 난반사되는 노을의 환각적인 광채. 태양의 몰락, 깊은 밤, 잿더미의 시간으로 들어서며 태양에게 바쳐졌던 제물을 불태우는 장엄한 번제燔祭의 미.

미시마 최후의 미학적 사유는 자신이 설계했던 이분법의 구조를 죽음을 통해 아슬아슬하게 접붙이면서 전개된다. 고전주의적 완성을 결정짓는 낭만주의적 붕괴, 낭만주의적 붕괴를 결정짓는 고전주의적 완성처럼, 〈자기 개조〉를 마치고 견실한 남성적 육체를 성취했던 미시마는, 드디어 영웅적인 죽음을 결행할 충분한 조건을 갖췄다고 판단한다.

장년기의 미시마는 그가 〈문무양도文武兩道〉라고 부르는 새로운 삶의 기술을 개발한다. 〈문무양도〉의 실천은 그의 이후 행보를 〈광인〉이자 〈극우 작가〉와는 다른 방식으로 바라보게 하는 디딤돌이다. 미시마의 이분법 속에서 표현자(문사)는 현실의 미로부터 소외된 채 현실의 미를 언어를 통해 모방하며, 그 과정에서 미를 영원이라는 이름의 문화와 역사 속으로 데려간다. 반면 행위자(무사)는 육체와 행위의 무언無言과 기개, 침묵을 통해 순간적인 아름다움을 드러내며 현실 한가운데에서 분분이 낙화한다. 정신의 문, 육체의 무.

전장에서 죽은 특공대(무사-동경하는 미적 대상)로부터 소외된 이들(문사-미를 동경하는 주체)만이 특공대의 미를 기억하거나 표현할 수 있다. 미를 체현하는 특공대는 비극적인 행위를 통해 산화하면서 무武의 순간성에 대한 재현과 사유의 책임을, 덧없고 열광적으로 쓰러지는 무의미한 삶과 죽음의 의미와 아름다움을 문文의 지속성에 내맡긴다. 미를 보유한 것은 현실과 행위(무)이며 미를 포착하고 보존하는 것은 언어와 표현(문)이다. 불멸의 욕구인 문은 허망의 미인 무로부터 소외되고, 허망의 미인 무는 불멸의 욕구인 문 속에서는 결코 취득할 수 없다. 이때 미시마가 말하는 미라는 것이 전적으로 남성적이자 일본적인 것이며, 특유의 〈죽음의 미학〉을 둘러싸고 전개된다는 사실을 짚고 넘어가자.

〈자기 개조〉를 통해 무의 길에 입성한 미시마는 미를 재현하는 문인의 길과 미를 실현하는 무인의 길을 자신의 삶 안에서 병존시킨다. 문학은 문의 길 위에서 여전히 계속된다. 이에 더해 미시마는 문학이 아닌 현실의 미를 궁구하기 시작하고, 소외의 장막을 찢고 자신을 소외시켰던 현실의 위태로운 불꽃 안으로 투신하기를 원한다. 무의 길의 최종적인 종착지는 삶을 살아가는 사람이라면 누구나 그에 다다르지 못한 채 소외자의 신세를 면치 못하는 죽음이자, 미시마가 열렬히 숭배했던 비극이다. 지고의 실감이자 지고의 환상으로서의 죽음. 죽음은 그의 문학이 늘상 묘사해 왔던 소외의 해소이자 낭만적 동경의 실현이다.

나는 자아가 있다는 것 따위 믿은 적이 없습니다. 형식이라는 것을 생각하고 있어요. 형식form이 있다면 자아일 겁니다. 형식은 개성도 아무것도 아닙니다. 형식이 있으면 돼요. 그런 형식을 자기 자아로 삼을 때까지 예술을 해나가면 그 형식이 자아가 되고, 그런 형식은 사용할 수 있는 것이 돼죠…… 나는 그런 형식과 동일화하는 것에서만 자아를 가질 수 있었습니다.
―『문화방위론』 중에서

〈문무양도〉는 〈자기 개조〉 이후의 미시마에게 대립하는 모순된 두 원리를 동시에 추구해 나가면서 스스로를 완성시키는 삶의 철학으로 자리잡힌다. 미시마가 비장하게 주장하는 〈무〉를 보디빌딩이나 검도 수련으로만 보면 우스꽝스럽지만, 미시마는 『문화방위론』 등지에서 방패회 창단과 〈미시마 사건〉으로 귀착하는 과격한 현실 행동을 문무양도 가운데 무의 실천으로 설명한다.

할복이 직접적으로 그려지는 미시마의 대표 단편소설 「우국」과 그의 정치 평론인 『문화방위론』 그리고 미시마의 〈천황주의〉가 더 궁금하다면 아래를 참고하자.

14. 요코하마 모토마치 / 모토마치 공원

橫浜元町 / 元町公園

1 Chome-8 Motomachi,
Naka Ward, Yokohama, Kanagawa

1 Chome-77-4 Motomachi,
Naka Ward, Yokohama, Kanagawa

요코하마는 도쿄 근교의 항구 도시다. 이시다 아유미가 간드러진 목소리로 부르는 「블루 라이트 요코하마 ブルーライトヨコハマ」는 한국인들에게도 항구 도시의 낭만을 자극하는 친숙한 노래다. 출항하는 이들과 입항하는 이들이 얽혀 드는 항구는 만남과 이별, 기다림과 재회의 드라마로 복작거린다. 이 도시의 랜드마크 〈요코하마 마린 타워〉는 그 드라마를 묵묵히 지켜보았을 것이다. 개항 이래 일본 무역의 중심지였던 요코하마에는 지금도 많은 외국인이 거주한다. 번화한 차이나타운도 손꼽히는 명소다. 활발하게 유입되는 이방의 문물이 현지의 문화와 혼합되어 독특한 삶의 양식을 자아낸다.

요코하마 최대의 쇼핑 스트리트 모토마치元町는 원래 외국인들에게 물품을 제공하던 가게들이 모여 있던 고급 상점가였다. 요코하마를 산책하며 소개할 『오후의 예항』은 선원이 주인공인 소설답게 모토마치뿐 아니라 요코하마 전역이 무대로 등장한다.

소설의 1부는 항구의 사랑담으로, 일견 전형적인 인물상과 애정사를 수려한 언어로 그린다. 통속적인 내용임에도 유려하게 세공된 미시마의 언어를 곳곳에서 발견할 수 있다. 한국의 「블루 라이트 요코하마」인 심수봉의 노래 「남자는 배, 여자는 항구」. 이른바 떠나는 남성과 기다리는 여성이라는 도덕적 형식을 탐미하는 미시마의 언어는, 항구의 사랑담이라는 고리타분한 애정사를 별 수 없이 새롭게 감각하도록 이끈다. 인물의 욕망에 관한 세심한 심리 묘사는, 그가 사랑과 육욕의 매커니즘을 서술하는 일에 한해서는 거의 달관한 경지에 이르렀음을 보여 준다.

『오후의 예항』은 1963년 출간된 중편소설로, 그의 작가적 역량이 농익었을 무렵 집필된 작품으로 평가된다. 배우자인 히라오카 요코와 결혼한 뒤 연달아 딸과 아들을 얻었던 시기도 이즈음이다. 그는 성공한 작가이자 아버지가 되었으며, 부단한 신체 단련을 통해 소년 시절에는 감히 넘보지 못했던 〈가슴둘레 1미터의 남자〉로, 남성적 자부심의 소유자로 변모해 있었다. 이러한 그의 개인사를 반영하듯, 『오후의 예항』에는 선원 류지의 〈아버지-되기〉 그리고 바다 사나이의 영광을 동경하는 소년 노보루의 시선이 교차해 서술된다. 그는 이 소설에서 아버지로서의 자신을 실험해 보았을지도 모른다. 물론 그의 소설이 대부분 그렇듯 그 결과는 충격과 공포로 끝나게 되지만. 못 말려.

남편과 사별한 뒤 홀로 사춘기 소년 노보루를 키우는 후사코는 모토마치에서 고급 양장점인 렉스를 운영한다. 연예인과 정재계 인사에게 수입 양장을 판매하는 후사코 주변은 사치스러운 이방의 골동품과 값비싼 패션 아이템으로 가득하다. 이 화려한 사물들에 대한 박물지적인 묘사가 『오후의 예항』의 인테리어로서 주된 눈요깃거리다.

모토마치에는 지금도 옷을 판매하는 부티크와 편집 숍이 늘어서 있다. 나는 수제 목공예품을 파는 가게에서 작은 부엉이 조각을 샀다. 요코하마에서 날아온 부엉이 조각은 지금 내 책상 위에서 글쓰기를 미룰 핑계에 골몰하는 나를 감시한다. 예전엔 귀여웠지만, 지금은 그 형형한 눈동자에 나를 노려보는 미시마의 혼백이 어려 있는 듯.

소설은 어머니 후사코의 방을 〈엿보기 구멍〉으로 훔쳐보는 노보루의 시선에서 시작된다. 마치 영화처럼, 독자는 아름다운 귀부인의 은밀한 방을 관음하는 노보루의 눈으로 부재하는 후사코의 자취를 가늠한다. 단정한 새틴 침대, 화장대 위에 널려 있는 생소한 향취의 알록달록한 향수병들, 급하게 벗어 의자 위에 걸

쿨한 멋쟁이들과 엘레강스한 깍쟁이들이 입은 의상의 브랜드를 슬며시 노출하며 모토마치 거리를 왕래했을 텐데, 거기에 미시마도 있었다.

어 둔 스타킹까지. 방의 묘사는 이국적인 사물과 고전적인 사물이 한 장면 안에 겹쳐 고혹적이고 화려하다. 당시 일본 독자에게도 이 고풍스러운 사물의 전시는 부유층 일상에 대한 판타지를 자극하면서 심미적 쾌감을 안기는 요소로 작용했을 것이다.

요코하마는 예로부터 일본의 작은 유럽으로 불렸다. 쿨한 멋쟁이들과 엘레강스한 깍쟁이들이 입은 의상 브랜드를 슬며시 노출하며 모토마치 거리를 왕래했을 텐데, 거기엔 미시마도 있었다. 이탈리아 브랜드 양장을 사러 종종 이곳을 방문했을 테고, 새 수트와 넥타이를 걸친 채 기적 소리가 아득히 퍼지는 번잡한 부두를 산책하다 영감을 얻었을 것이다.

 미시마는 서양식으로 깔끔하게 차려 입는 것을 좋아했다. 격식을 갖춘 재킷과 정갈한 수트, 넥타이와 베스트로 멋을 낸 신사복과 폴로셔츠를 선호했다. 웹에 떠도는 미시마의 사진들은 기괴해 보이지만 복장에서만큼은 흐트러진 모습을 찾아볼 수 없다. 그것이 설령 누드일지라도 말이다. 친한 소설가 한 명은 옆방의 책상을 향해 출근할 때마다 외출복으로 갈아입고 거울 앞에 서서 금일의 착장을 점검한다고 한다. 그러면 작업이 더 잘 된다는데, 미시마도 별다르지 않았을 거라는 합리적인 의심 속에서 야마테초山手町 쪽으로 방향을 틀었다.

 모토마치 뒷길의 언덕으로 이어진 야마테초 언덕은 소설 속 후사코의 자택이 있는 장소다. 유럽식 옛 건물들이 오밀조밀하게 밀집한 주택 단지이며, 인접한 모토마치 공원元町公園은 일본에 거주했던 외국인들의 생활사가 깃든 야외 박물관이다. 프랑스나 영국에 있는 작은 교외 마을을 연상시켰는데, 고즈넉하고 부드러운 정경이라 언덕을 올라 숨이 가빴음에도 기분은 유쾌했다. 외국인 저택 가운데 가장 규모가 큰 베릭 홀은 유산 건물로 개방되어 출입할 수도 있다. 벽난로와 피아노가 있는 거실을 지나 2층으로 오르면 삼면경이 있는 앤틱한 화장대가 놓여 있는 침실, 자그마한 침대 위에 곰 인형이 비치된 아이 방이 있다. 모토마치 공원의 중심에 서니 요코하마 항구와 부두의 정경이 우거진 신록 사이로 가물거렸다. 벤치에 앉아 시가를 피우며 떠나가는 외항선의 모습을 작업 노트에 채록하는 미시마의 모습이 눈에 선했다.

소설은 요코하마 투어라고 해도 될 만큼 도시를 대표하는 상징적 장소들을 적극적으로 활용한다. 요코하마를 걸으며 미시마가 소설의 구체적인 배경을 얼마나 중시했는지를 체감했다. 모토마치 공원은 류지가 산책하는 노보루와 처음으로 조우하는 장소다. 애인의 아들과 어머니의 애인이라는 어색한 관계, 노보루는 어머니의 정사를 몰래 훔쳐본 상태. 서로를 향한 무지와 동상이몽 속에서 무언의 뉘앙스가 오간다.

류지는 대형 외항선의 이등 항해사다. 스무 살부터 먼바다로 출항해 생애 대부분을 바다 위의 갑판에서 지냈던 근면하며 과묵한 청년이다. 열대의 공작 야자숲과 바다에 대한 동경을 품은 채 육지가 싫어 바다로 떠났지만, 스물여덟에 이르러〈긴 항해를 하게 되면 어쩔 수 없이 육지가 그리〉워지는 모순에 염증을 느껴 잠시 요코하마에 정박한다. 스무 살 풍운아의 꿈,〈바다의 남자〉로서의 고독하고 눈부신〈영광〉과〈특별한 운명〉이 자신을 기다린다고 믿는다. 그리고 이곳에서 후사코와 열정적인 사랑에 빠진다.

우리의 음탕한 미시마 선생에게 어부와 선원은 가장 섹시한 남성 형상이자 드넓은 대양에서 표류와 모험을 추구하는 남자 중의 남자다. 그의 심미적 〈인간학〉 혹은 지긋지긋한 〈외모 지상주의〉에 따르면, 어부와 선원은 음습한 서재에만 틀어박힌 탓에 갈빗대는 깡마르고 배만 올챙이처럼 튀어나온 작가(혹은 지식인) 종족의 안티테제다. 잘 발달된 육체와 구릿빛으로 그을린 살갗은 그들이 내리쬐는 태양의 총애를 한 몸에 받는 존재라는 사실을 드러낸다.

소설 초반부에서 펼쳐지는 류지의 황금빛 육체에 대한 미시마의 묘사는 경탄과 찬미가 끈적끈적하고 농염하게 넘쳐흘러 꿀단지를 통째로 들이부은 것 같다. 이어서 풍만하고 탄탄한, 여성성의 전형을 체현하고 있는 후사코의 나신에 대한 묘사가 이어지고 이들은 격렬한 정사를 나누지만, 후사코에 관한 묘사는 류지에 대한 압도적인 칭송에 비하면 빛이 바랜다. 첨언하자면, 이때 류지의 육체는 〈자기 개조〉 이후의 미시마를 닮았다. 키가 작은 점이라든가…….

대개의 세계 문학 작품 속에서의 관능적인 묘사가 여성의 신체를 전유하며 행해지는 경우가 대다수라면, 역으로 남성의 신체를 관능적으로 대상화하는 일에 한해서 미시마는 세계 최고일 것이다. 선배 세대이자 일본 에로티시즘 작가인 다니자키나 가와바타에게도 남성성으로 충만한 육체는 문학의 주제로 각광받지 못한다. 미시마는 남성의 육체적 존재감은 일상에서 익살스러워지거나 하찮게 다뤄지는 경우가 빈번하다고 여겼다. 그는 이에 관해 꽤 성찰적인 문제의식을 느꼈으며, 남성 육체에 관한 진지한 에로티시즘을 탐구하는 한편 남성성에 대한 자신만의 미적 표현을 발명하려 했다.

그는 남성성이 대의나 죽음과 관련될 때만 비극성과 영예로움을 갖고 나타난다고 생각했다. 즉 평화로운 일상에 적응해 살아가는 남성 대다수는 별로 섹시하지 않지만, 뭔가를 지키려고 싸움에 나설 때, 생명과 재산을 포함한 자신의 모든 것을 걸고 투쟁할 때, 스스로의 이상과 실존, 혹은 공동체나 심지어는 스스로의 자존심을 위해 고독한 싸움을 자청할 때 남성은 비로소 치명적으로 섹시해진다는 것이다. 잘 단련된 청년 남성의 〈육체적 형식〉이 그러한 차원의 분위기와 상상력을 환기한다는 것. 유사 이래 수많은 미적 표현으로 휘감긴 여성과는 달리, 미시마는 이것만을 성인 남성의 〈미적 형식〉으로 간주했다. 지금 생각하면 터무니없이 성별 이분법적이지만, 미시마는 여성의 힘을 〈삶의 충동〉에서 오는 생존의 기술로, 남성의 미를 〈죽음 충동〉에서 오는 의지의 실천으로 간주했다. 정말 그런지는 나도 모르겠다.

미시마의 작품에는 미소년에서 짐승남까지, 도련님에서 체육남까지 다종다양한 판타지를 충족시키는 미형 남성이 등장해 그와 관계하는 타인을 닥치는 대로 홀리고 다닌다. 문학이 오랜 시간 동안 남성 주체의 이성애 중심적인 시각을 반영했다는 사실을 감안하면, 남성 신체가 미로서만 다뤄지는 경우는 흔하지 않다. 남성이란 대개 외부의 미를 판단하고 감응하는 사색과 욕망의 주체였지 미적 대상은 아니었던 것이다. 미시마는 작가나 지식인들이 남성의 육체를 외면하고 정신의 역량만을 추켜세웠던 것은 그들의 육체적 콤플렉스와 나약함을 감추기 위한 것이리라 추측한다. 미시마가 〈다이쇼 교양주의〉를, 지식인들의 탁상공론과 현실에의 거리 두기, 상아탑 안에서의 안전주의를 혐오했다는 사실만 밝히고 넘어가자.

한편 류지와 후사코의 정사를 염탐하는 노보루의 시선은 탐탁지 않다. 노보루, 혹은 미시마에게 어머니의 재혼과 관련한 구구절절한 가족 드라마식 결핍과 치유담은 관심의 대상이 아니다. 노보루에게 중요한 것은 〈바다의 영광〉에 대한 동경이자 선원의 삶에 갖

모토마치 뒷길의 언덕으로 이어진 야마테초 언덕은 소설 속 후사코의 자택이 있는 장소다.

는 미적 판타지다. 이 동경을 자라나게 하는 매개가 바로 〈엿보기 구멍〉이다. 잠긴 방, 벽에 뚫린 작은 홈으로 염탐하는 금기 저편의 외계. 이 구멍은 노보루의 관능적 환상이 증폭되는 틈새다.

미시마의 작품은 미를 다룬다고들 말한다. 미시마가 말하는 미란 무엇일까? 〈금각〉의 절대미가 실제와 환상의 결합이듯이, 요코하마 전역에 울려 퍼지는 기적 소리와 함께 〈엿보기 구멍〉의 동그란 틈새에서 상영되는 황금빛 육체와 새하얀 나신의 결합, 류지와 후사코 사이의 정사와 성적 열락은 노보루에게 미의 이상향에 대한 완전한 환상을 제공한다. 이 환상은 현실과의 직접적 대면이 아닌 현실을 여과하는 관능적 장치, 비좁은 시야로 주어진다. 미시마가 미를 탐구한다면, 그것은 현실에 미라는 반투명한 금박 덮개를 씌우는 이 환상에 대한 탐구와도 동일할 것이다.

물론 그의 소설은 현란한 미적 환상의 다채로움에 천착할 뿐, 환상의 커튼을 걷고 드러날 현실에는 별로 관심이 없다. 노보루 혹은 미시마가 선원의 육체 노동에 결부되는 계급적 지형이나 선원 생활의 고단함에는 아무런 관심이 없는 것처럼 말이다. 그는 표면의 광채에 눈멀기를 욕망하는 작가이며, 현실에 부재한다는 것을 인식하고도 그 공허한 환상이 너무도 아름다운 폭력이라고 독자에게 납득시키려는 작가다. 덧없는 것, 현실의 도래 앞에서 아무런 기능을 하지 못하는 것. 그러나 이러한 환상의 광채가 생산되는 일상의 틈새, 〈엿보기 구멍〉의 황홀경이 존재하지 않는다면 우리의 삶은 비루한 되풀이에 지나지 않는다는 것이다.

미시마에게 선원의 삶은 묻지도 따지지도 않고 영예로운 남성 영웅의 삶이다. 일상이라는 녹슨 닻에 예속되지 않은 삶, 미래에 대한 두려움 속에서 이러지도 저러지도 못하고 욕구 불만에 사로잡혀 절치부심하는, 육지에 구속된 허약한 〈아버지〉들과 대척점에 있는 삶. 그에게 삶이 육지에서 영위되는 것이라면, 죽음은 대양을 건너 도달할 열대의 공작 야자나무 숲이며 그 여로의 갑판에 찬란하게 내리쬐는 태양으로 비유된다. 맹렬한 파도처럼 들이닥치는 죽음 한가운데를 가르며 치열하게 삶을 증명하고, 일상의 장소에서 가장 머나먼 장소인 바다 위를 외로이 표류하는 일. 이것이 실제 선원의 모습과는 별로 관련이 없을 수도 있는, 미시마가 〈선원〉이라고 부르는 미적 환상일 것이다.

몇 년 전 〈소확행〉이라는 단어가 유행했다. 〈소소하지만 확실한 행복〉이라는 뜻으로, 일상의 소중함과 아름다움을 되새기게 하는 단어일 것이다. 미시마라면 이 단어를 좋아하지 않았을 것이 분명하다. 씁쓸한 표정을 짓거나, 그 단어가 암시하는 무해한 기만성이나 일상에 타협하는 수동성에 분개해 목검을 들고 분노의 검격을 날렸을지도 모른다.

미시마에게 〈소중한 것〉과 〈아름다운 것〉은 전부 일상 너머에 있으며 〈도달 불가능한 차안〉에서 손짓하는 신기루를 가리킨다. 그를 이끄는 미적 환상이란 스스로의 삶을 온전히 결정하는 방향타를 움켜쥐는 항해사가 되는 일이다. 검을 움켜쥐는 순간 산출되는 주체로서의 역량, 그가 남성적 용기라고 불렀을 사생결단의 한가운데 위치한 외롭고 자유로운 인간의 모습. 미시마가 소설에서든 산문에서든 목숨을 거는 행위의 낭만성을 상찬하며, 목숨을 걸지 않는 비굴함의 연속인 일상을 허위와 무기력에 찌든 모습으로 묘사한 이유도 여기에 있다.

출항하는 이들과 입항하는 이들이 얽혀 드는 항구는 만남과 이별, 기다림과 재회의 드라마로 복작거리는 장소다.

15. 요코하마 외국인 묘지 　　横浜外国人墓地

1-96 Yamatecho, Naka Ward,

Yokohama, Kanagawa

『오후의 예항』에서 육지란 사회의 시스템에 의해 영위되는 일상 세계, 사회의 기만성과 무기력을 더 촘촘하게 만든 아버지들의 세계다. 바다는 동경의 터전이자 강인한 미혼 남성들의 세계다. 소설은 〈바다의 영광〉을 대표하는 남성 영웅 류지가 결혼을 통해 육지에 스스로를 속박하는 과정을 다룬다. 류지는 1부의 달콤한 연애를 잠시 멈춘 뒤 바다로 떠났다가 그리운 연인이 있는 요코하마로 돌아온다. 후사코와 결혼을 결심하며, 바다를 향한 낭만적인 영광의 꿈을 포기하고 아버지가 되기를 선택한다.

　이러한 류지의 변화를 바라보는 노보루의 배신감은, 연애 소설을 범죄 소설로 뒤바꾼다. 『금각사』의 미조구치가 그랬듯이, 『오후의 예항』 속에서 벌어지는 범죄 사건은 노보루가 류지에 대해 갖는 환상에 기초한다. 노보루가 류지에게 적개심과 살의를 갖는 이유는, 그가 자신의 어머니와 결혼을 선언함으로써 자신이 품었던 남성 영웅에 대한 판타지를 처참하게 망가뜨렸기 때문이다. 이건 또 무슨 전개일까. 복잡하게 얽힌 미시마가 만들어낸 환상에 대해서는 글 끝에 실은 큐알 코드를 참고하자.

『오후의 예항』에서 노보루는 세상을 〈공허한 동굴〉로 여기는 동급생들과 함께 감정을 없애는 훈련에 매진한다. 이들은 아직 세상에 나서지 않은 부자 학교의 도련님들이다. 이들에게 세상은 허무하며, 그들이 진출할 사회는 억압적이며 무의미한 공간일 뿐이다. 신문에 대서특필되는 사건마저 이들에겐 〈세상이 조금 찢어지는〉 일에 불과하다. 그들의 자유를 빼앗고 명령을 하는 사회는 그들이 가진 무한한 가능성을 제한하고 통제하는 일에만 관심을 기울인다고 생각한다.

이들은 세상을 지배하는 것은 나약한 아버지들, 사회에 비굴하게 예속된 아버지들이라고 말한다. 전형적인 중학생 남자애들의 반항심일 텐데, 이 철없는 목소리는 미시마가 사회를 바라보는 관점을 거칠게 내포하는 것도 같다.

스스로를 천재라고 자부하는 도련님들은 세상의 공허를 충당하고자 하는 명목으로 새끼 고양이를 죽이는 놀이를 하고 있다. 이들이 고양이를 〈처형〉하는 이유는 죽음의 순간 주어지는 생생한 실감과 유혈의 스펙터

영화 「오후의 예항 The Sailor Who Fell from Grace with the Sea」의 전단. 노보루가 엿보기 구멍을 본다.

클을 맛보기 위해서다. 노보루는 이 모임에서 선원 류지에 대한 동경을 고백한다. 모임의 대장은 〈바다는 그런 동경이 조금 허용되는 장소이지만 배라고 해봤자 자동차와 뭐가 다르냐〉며 노보루의 동경을 폄훼한다. 그러나 열대 오지를 동경하는 소년인 노보루가 〈엿보기 구멍〉으로 본 류지와 후사코의 정사는 깜깜한 밤중에 새파란 하늘이 나타난 것처럼 노보루 머릿속의 〈완벽한 그림〉으로 자리 잡는다. 조마조마한 관음증적 통로로 바라 본 선원 류지는 자신의 어머니를 차지할 영웅다운 남성, 나약한 아버지 따위와는 무관한 흠결 없는 강인한 남성이다.

류지는 노보루를 훈육하거나 타이르는 일상 속 아버지이거나 가정과 사회에 종속되는 아버지가 아니다. 류지는 바다를 향해 떠나며 고독과 낭만을 쫓아 열대의 땅에 발을 디디는 매력적인 남자이며, 바다의 영광을 체현하는 남성미의 모범이다. 류지가 아버지가 아니라는 사실은 판타지 속 아버지로서 류지를 숭배하고 경외할 이유가 된다.

그러나 류지는 후사코와의 결혼을 결심하면서 노보루의 환상을 배반한다. 혹은 스무 살 무렵 출항했을 당시 류지 자신이 가졌던 〈바다에 대한 동경〉을, 열대의 공작 야자 숲과 갑판 위의 태양을 배반한 셈이다. 〈엿보기 구멍〉 속에서 찬란했던 관음증적 환상은, 후사코가 노보루의 관음을 눈치채고 뛰어들어와 그를 질책했을 때, 께느른하고 바보 같은 표정으로 따라 들어온 류지가 아버지인 척 평범하고 지루한 설교를 읊조리는 순간 완벽하게 멸망한다. 노보루는 류지가 일상 속 아버지가 되었다는 사실에 분노한다. 노보루는 현실의 류지가 자신의 환상에 흠집을 낼 때마다 노트에 류지의 죄목을 나열한다. 그 죄목은 소년들에게 류지의 처벌을 모의할 근거가 된다. 소년들은 순진한 척 바다 이야기를 들려달라며 류지를 산으로 유인한다. 류지는 과거의 꿈에 도취되어 선원의 노래를 부른다. 열대 공작 야자 숲과 요동치는 바다, 쓸쓸하지만 자유롭던 선원 생활에 대한 회상에 아스라이 빠져든다. 모든 환상이 수평선 너머에 있다.

소년들의 수상한 낌새가 서스펜스를 자아내는 한편, 류지의 뭉클한 회상이 서술 속에 서글프게 겹쳐지는 대목이 이 소설의 백미다. 류지가 수면제가 첨가된 차를 마시는 마지막 장면의 문장은 〈영광의 맛은 쓰다〉는 것이다. 그는 선원의 모습으로 영광 한가운데서 절명한다. 미시마는 환상으로 현란하게 채색한 류지를 평범한 아버지로 만드는 일을 결코 허락하지 않는다. 비극을 동경했던 소년 미시마는 아버지가 되려는 장년의 자기 자신을 처벌했던 것이다. 나로서는 그를 못 말린다는 이야기고, 이제 그를 말리고 싶지도 않다……

노보루와 소년들이 류지에 대한 살해를 모의하는 장소는 야마테초 언덕에서 요코하마항으로 내려가는 길에 있는 요코하마 외국인 묘지다. 적막한 숲길 안쪽으로 외국어 이름과 생몰년이 적힌 비석이 가지런하게 이어진다. 이곳에 묻힌 외국인만 해도 4천2백여 명이 넘는다고. 십자가에서 나뭇잎까지 비석 모양도 가지각색이다. 나는 낡은 묘석에 앉아 산새들이 지저귀는 소리를 들으며 무덤 사이를 배회했다.

고향을 건너온 사람들의 일생을 상상할 때면 왠지 아득해진다. 무엇이 그들을 이방으로 이끌었을까. 미시

노보루와 소년들이 류지에 대한 살해를 모의하는 장소는 야마테초 언덕에서 요코하마항으로 내려가는 길에 있는 요코하마 외국인 묘지다.

마는 바다 건너에 영광이 있다고 말했지만, 사실 그 영광 너머에는 또 다른 일상이 있는 것은 아니었을까. 언덕 저편의 요코하마항을 내려다보면서, 여기서 안식에 이른 모든 이들의 고향이 수평선 건너라는 사실을 새삼스러운 고요함으로 체험했다.

야마테초가 형성되는 초기에 정착한 외국인들은 대부분 개항 이후 들어온 선교사들이었다. 대개 항구나 강둑 주변에 위치한 외국인 묘지는 포교의 역사와 개항의 역사, 캄캄한 안개 저편을 유령처럼 불길하게 서성거리던 이양선을 상기시키는 장소들이다.

요코하마항의 부두에는 류지가 탔던 선박처럼 거대한 외항선이 정박해 있었다. 바다가 불그죽죽해졌다. 여객 터미널의 배들이 가물거리며 하나씩 조명등을 켰다. 반달 모양의 요코하마 연안이 인공적인 불빛들의 은은한 분말로 채워졌다. 미시마는 요코하마항에서 여객선을 타고 하와이를 향해 떠났었다. 『꽃이 만발한 숲』의 소년은 한 번도 떠나지 못한 바다 건너를 그리워한다. 미시마는 마치 약속이라도 한 것처럼, 태평양을 지나는 여객선의 갑판에서 태양과 조우하는 생애 동안의 가장 충만한 경험을 한다.

해가 지고 있었다. 낙하하는 해는, 바다 아래로 침몰하는 것이 아니라 이곳의 수평선에서는 보이지 않는 이방의 나라를 밝히기 위해 시야 너머로 미끄러진다.
이곳의 저녁은 이방의 아침이다.

미시마와 환상, 무武의 난처함

16. 야스다 강당

東京大学安田講堂
7 Chome-3-3-1 Hongo,
Bunkyo City, Tokyo

1968년에서 1969년 사이의 일본 사회는 학생 운동과 데모의 열기로 소란스러웠다. 대학생 운동 조직이었던 전학공투회의全学共闘会議, 일명 전공투 학생들은 〈자기 부정〉의 정신으로 무장한 채 〈대학 해체〉를 주장하며 캠퍼스와 강당을 점령한 뒤 정부와 체제를 향한 파업과 무력 농성에 나섰다. 이들은 제국주의 일본의 잔재인 대학을 타파하려 했고, 근대 일본 제국의 엘리트 관료를 육성했던 대학 시스템에 항거하기 위해 강당 앞에 바리케이드를 쳤다. 격렬한 좌파 투쟁을 전개했다.

이 무렵 미시마는 소설가는 물론 우파 사상가로 활동하며 〈무〉의 길을 걷고 있었다. 전공투 학생들이 시대에 저항하며 싸우듯, 그는 천황이나 사무라이 전통에 기반한 〈윤리적 형식〉의 재건을 꿈꾸며 시대에 역행하는 또 다른 반동성을 구현했다. 미시마에게 이는 작가에서 소설 속 인물로 변하는 과정이었고, 서서히 이루어진 것이 아니라 몇 년 사이 급속도로 전개된 것이었다.

전공투와 미시마의 토론이 펼쳐진 도쿄대학 야스다 강당. 전공투와 미시마는 결국 둘 다 실패했고, 일본 사회는 그들이 원하지 않는 쪽으로 떠내려갔다.

전공투와 미시마가 시대와 맞서 싸운 방식은 너무도 달랐다. 전공투는 마르크스주의의 이념에 따라 일본의 근대와 자본주의 체제를 전복하려 했다. 미시마는 천황이나 사무라이, 미야비와 같은 전통적인 미적 형식을 소환함으로써 당대의 일본 사회와 불화했고, 미국화된 소비 사회에 대해 반감을 표출하는 시대착오적인 예술가였다. 전공투의 표어는 〈연대를 구하여 고립을 두려워하지 않는다〉였으며, 미시마의 정치는 비극적 소수로서 〈미의 특공대〉가 되는 것이었다. 시대의 열차에 각기 다른 방식으로 고분고분하게 올라타지 않는 이들의 만남과 대립은 예정되어 있었다. 한쪽은 청춘이었고, 다른 한쪽은 청춘의 망령을 향해 스스로를 내던지리라는 돌이킬 수 없는 다짐이 있었다.

이는 곧 미시마 생애의 말미를 장식하는 주요한 이벤트로 발전할 예정이었다. 전공투와 미시마는 결국 둘 다 실패했고, 일본 사회는 그들이 원하지 않는 쪽으로 떠내려갔다. 『미시마 유키오 對 동경대 전공투 1969-2000 三島由紀夫vs東大全共鬪 1969~2000』(2000)는 이들의 토론과 대담을 담고 있다.

미시마는 〈풍요의 바다〉의 제2권 『달리는 말』을 집필하는 기간 단신으로 자위대에 체험 입대를 하며 이 경험에 깊이 감동한다. 뜻을 함께하는 학생들을 모집한 뒤 그들과 단체로 자위대에 입대해 군사 훈련을 받게 된다. 미시마가 대장으로 있는 아마추어 군사 조직인 〈방패회〉의 시작이다.

전통과 천황을 수호하며 무사의 도를 실천하는 모임. 이들은 군사 훈련에 매진하며 애국심으로 똘똘 뭉쳤다. 무슨 〈가짜 사나이〉 놀이인가 싶은데, 미시마는 비장한 각오로 여러 잡지와 신문에 정치 평론을 발표하고 방패회의 사상을 홍보하는 한편 군대식 제복을 입고 옆구리에 일본도를 차고 다니는 인간으로 돌변한다. 이에 안주하지 않고 조국 방위대 구상에 나서며, 자위대 간부들과 긴밀하게 소통하며 무언가를 바쁘게 채비한다. 청년 단원들과 피의 맹약을 나누기도 한다.

미시마는 방패회와 함께 교전권의 완전한 포기 조항이 있는 일본국 평화 헌법의 개정을 주장하는 한편 〈문화 개념으로서의 천황제〉를 논하고 좌파 운동에 대한 공공연한 반대를 표현한다. 터무니없이 명성이 높은 미시마의 기행은 곧 일본 사회와 문단에 널리 알려진다. 〈문단의 광인〉으로 불리며 대중의 비판과 조롱의 대상이 된 미시마, 그는 타인과 독자의 시선을 전혀 의식하지 않는 척 꿋꿋하게 자신의 행보에 몰입한다. 이는 당시 일본에서도 군국주의 시기 일본에의 회귀를 연상시키는 극우적인 행보로 받아들여졌다. 그는 애국 계몽용 소설이나 근대 협객물에나 등장할 법한 행동을 소설을 집필하는 기간 현실의 공간에서, 자신의 육체를 통해 부단하게 수행한다. 이쪽에서 봐도 저쪽에서 봐도 이때 미시마는 자신이 숭배했던 〈특공대〉나 〈2.26 사건〉의 반란군 장교들에게 자신을 동일시한 상태다.

작가의 연극인가? 아니면 자아도취에 빠진 자기 우상화의 발로인가? 둘 다 맞다. 미시마는 이를 통해 극우적인 이미지에 쐐기를 박는다. 한국 독자 입장에서 이러한 미시마의 행보에 공감하는 일은 불가능하다. 그러나 아직도 소설을 통해 미시마의 변화를 사유할 만한 복잡한 지점이 남아 있다. 그의 정치적 행보는 영락없는 군국주의자이지만, 그의 문학은 자신을 미화하면서도 이러한 미시마를 반박하거나 회의하는, 결국 스스로에게 알리바이를 제공하는 이중적인 모습을 보이기 때문이다. 이 초라한 알리바이를 더 살펴보는 설명은 글 끝에 남겨 두었다.

내게 미시마의 이러한 변신은 정치가로서의 환골탈태가 아니라 작가인 그의 내면적인 문제나 문학에서 드러난 문제들이 응어리져 표출된 결과로 이해된다. 그는 생애 내내 정신에서 육체로, 〈보는 자〉에서 〈보여지는 자〉로, 개성에서 형식으로, 문인에서 무인으로, 평화에서 위기로, 환상에서 현실로, 권태롭고 무정형한 일상에서 숭고하게 짜여진 비극으로, 삶에서 죽음으로 끝없이 이주하려는 경향의 작가였으니 말이다.

그는 단절과 동경의 저편에서 아름답게 반짝이는 육체, 보여지는 자, 무인武人의 미를 문학 속에서 충실히 그렸다. 그러나 그는 문학에서 그것을 표현하는 일의 소외와 한계에서 벗어나지 못했다. 문학은 미시마에게 그가 언제나 환상 속에 틀어박힌 미달된 인간에 불과하다는 진실을 속삭인다. 결국 그는 심미적 형식과 현실의 자신을 동일화함으로서 작가의 한계를 자신의 육체로 해결하리라는 결단에 이른다. 이는 미시마에게 일종의 도전이자 도박이었지만, 그 배경에는 작가적 측면의 자포자기, 문학으로 미를 그리는 일에 대해 무력함이 배경에 깔려 있었을 것이다.

소설은 작가의 펜에서 흘러나와 종결을 맞이하는 자기 완결적인 환상일 것이나, 현실은 그렇지 않다. 서로 다른 정치적 입장으로 우글거리는 현실에서 그의 천황은 아름다운 문장으로 빚어진 환상 속의 천황상과는 달리 빈곤하며 설득될 수 없는 머릿속의 공상처럼 여겨진다. 미시마의 〈무〉는 이렇게 타자와의 갈등 속에 휘말린다.

대학가의 전공투는 몽둥이를 든 기동대와 경찰 권력에 헬멧과 게바보ゲバルト棒(일본 좌익 운동에서 쓰는 막대 형태의 무기)로 맞서고 있다. 대학가의 격렬한

시위와 투쟁의 현장을 내려다보는 미시마의 심장에 혁명과 역사적 투쟁, 반동적인 미에 대한 동경의 맥박이 뛰기 시작한다. 미시마는 젊은이들의 열망을 주시하고 자신의 청춘에 그들을 견주어 본다. 그들은 일상에 타협하고 체제의 안위 속에서 얼굴을 잃은 다른 일본인들보다는 낫다. 그러나 일본적 형식과 천황애를 알지는 못하며 전통을 깨부수고 그 위에 소련과 중국의 이념 모델인 용공 정권을 수립하려 한다. 그래서 용납할 수 없다. 미시마는 소련이나 중국에서 예술이 사상의 선전 수단으로 사용되었던 것을 기억한다. 정치에 종속된 프롤레타리아 예술의 형편없는 미감은, 그가 느꼈던 일본 문화에 대한 위기의 감각을 가중한다.

전공투는 1969년 학내 강당인 야스다 강당을 점거한다. 기동대와 경찰이 도쿄대학으로 투입되고 야스다 강당을 포위한다. 살수차가 물기둥을 뿜는다. 시위가 소강상태에 접어든 5월 13일, 전공투 학생들은 우파 사상가이자 문학 엘리트, 게다가 군국주의자이자 회귀적인 보수주의자의 전형처럼 보이는 미시마를 초대해 논쟁을 제안한다. 미시마와의 설전을 통해 자신들이 가진 혁명적 이념의 당위와 실효성을 주장하기 위해서다. 미시마는 이 초대에 응답한다.

전공투 학생들은 저항의 정념에 더해 지적으로 훈련된 학생들이었다. 마르크스주의와 실존주의 같은 철학적 벽돌들을 통해 미시마의 천황론을 비판하는 이념을 설계했다. 전공투 학생들이 강당을 인산인해로 메운다. 단상에 오른 미시마는 〈남자가 한번 문을 나서면 7명의 적을 만난다고 들었는데, 오늘은 도저히 7명 정도가 아닐 것 같아서 엄청난 기개를 갖고 왔다〉라고 말하며 토론을 시작한다. 그날 도쿄대 곳곳에는 미시마를 〈근대 고릴라〉로 풍자하는 포스터가 붙었다. 치열한 정치 토론으로 전개되어야 할 그날의 토론은 웬걸, 정치를 중심으로 미학과 철학으로까지 내려가는 우회로를 거듭한다.

『미시마 유키오 對 동경대 전공투 1969-2000』의 모든 대목이 귀에 들리는 듯한 현장성을 갖췄지만, 내가 읽기에 그중 백미인 대목은 두 곳이다.

토론의 초입, 미시마는 프랑수아 모리아크François Mauriac의 『테레즈 데케이루Thérèse Desqueyroux』(1927)를 인용한다. 테레즈는 소설 속에서 남편을 독살하는 여성인데, 그 이유로 남편의 〈눈동자 속의 불안〉을 보고 싶었다고 이야기한다. 미시마는 국가 체제나 보수적인 기득권, 타성에 젖은 지식인들과 무능한 관료들이 만든 세계를 전복하려 하는 전공투의 정신을 추켜세운다. 그리고 전공투처럼 자신도, 겉으로만 안전한 이 체제 안에서 〈눈동자 속의 불안〉이 되고 싶었다고 말한다. 이것이야말로 현실과 불화하는 이들이 존재하는 방식이 아닐까? 체제의 불안, 시대의 불안으로 잠복하며 현실에 지속적인 흔들림을 도입하는 사람들.

시간과 공간에 대한 토론이 이어진다. 미시마는 시간을 옹호한다. 과거로부터 계속되었던 일본의 신화와 역사라는 시간. 거기 문화적 기억이 첩첩이 축적되어 자신에게로 배달되거나 계승되며, 자신은 그 문화적 기억의 발명품인 언어를 통해 작업하는 소설가라는 것이다. 그래서 자신은 일본과 천황에 대해 이야기할 수밖에 없다고 주장한다. 반면 전공투는 공간을 옹호한다. 체제 권력과 계급적인 부조리에 의해 장악된 일상의 시간, 혹은 일본의 근대사라는 부조리하고 폭력적인 시간을 중단시키고 단절한 자리에서 탄생하는 것이 해방구로서의 공간이며, 그곳은 자신들이 바리케이드를 쳤던 야스다 강당이었다고. 해방구는 일시적으로 시간이 흐르지 않는 공간, 지금까지의 시간을 새롭게 전유하고 사용할 수 있는 힘을 발생시키는 잠재성의 공간이라는 것이다.

미시마는 그 해방구도 시간에 의해 편입될 것이라고 반박한다. 자신이 속한 시간을 부정하면 스스로의 정체성을 구성할 수 없을 것이라고. 전공투는 〈자기 부정〉의 정신으로, 스스로의 정체성을 자발적으로 깨트리면서 생성될 수 있는 주체성에 관해 이야기한다. 그런데 그 윤리는 『가면의 고백』에서 미시마가 〈가면 뒤의 나는 부재不在〉를 선언하며 실패했던 윤리가 아니었나. 미시마는 전공투의 말에 동의하지 못한다.

    토론은 어느 한쪽의 우세 없이 둘 사이의 격차를 확인하면서 마무리된다. 당시 현장의 동영상을 보면, 담배를 피우며 전공투 학생들의 의견을 경청하는 미시마는 자신이 걷기로 작정한 〈무의 길〉에서 가장 결정적인 사건으로 기억될 이 토론에 진술하고 흐뭇하게 몰입한다. 파행으로 예상되었던 토론은 이렇게 역사의 페이지 속으로 접힌다. 전공투는 미시마에게 자신들과 함께할 수 없는지 묻는데, 미시마는 미소를 지으며 천황을 인정한다면 자신도 전공투와 함께하겠다고 대답한다. 전공투는 왁자하게 웃으며 미시마의 제안을 능청스레 거절한다.

    도쿄대학 캠퍼스 중앙을 가르는 은행나무길 저편으로 높게 솟은 야스다 강당의 시계탑이 보였다. 야스다 강당 앞에는 팔레스타인 전쟁을 반대하는 깃발과 천막이 설치되어 있었다. 전공투 투쟁 현장을 찍은 흑백 사진 속에서 마치 무시무시한 중세의 성채 같았던 야스다 강당은, 그때의 치열한 현장을 기념하면서도 쾌청한 날씨와 한산한 잔디밭 사이에 우직하게 서 있는 든든한 배경이 되었다. 풀숲에 덩그러니 앉아 도시락을 먹는 안경 낀 학생 옆으로 몇몇 학생들이 자전거를 타고 지나갔다. 콧구멍을 불뚝거리는 〈근대 고릴라〉로서의 미시마를 상상하니 웃음이 나왔다.

미시마의 초라한 알리바이, 『달리는 말』의 분열

도쿄대학 캠퍼스, 콧구멍을 불뚝거리는 <근대 고릴라>로서의 미시마를 상상하니 웃음이 나왔다.

17. 시부야 구립 나베시마쇼토 공원 / 구 마에다 후작 양관

渋谷区立鍋島松濤公園 /
前田侯爵邸洋館
2 Chome-10-7 Shoto,
Shibuya, Tokyo
4 Chome-3-55 Komaba,
Meguro City, Tokyo

시부야역 앞 하치 동상 앞에서 여동생을 만난 시간은 정오 즈음이었다. 우리는 데면데면하게 손을 흔들었다. 일본에 한 달 가까이 머물렀는데, 이번 여행에서 여동생을 만나기는 처음이었다. 스크램블 교차로를 건너는 인파 속에 합류해 여동생의 옆모습을 곁눈질했다. 살이 조금 빠진 듯했다. 일본 취재도 막바지에 접어들었다. 며칠 전, 네가 일본에 사니까 내 에세이에 출연할 의무가 있다고 통보하니 여동생은 흔쾌히 승낙했다. 주말에 『봄눈』 속의 산책로를 함께 탐방하기로 약속을 잡았다.

시부야역 앞은 번화한 쇼핑 스트리트이자 도쿄의 중심이다. 커다란 옥외 광고판들이 빌딩 옥상으로 연속된다. 우리는 만나면 으레 하는 행사인 엄마 걱정, 엄마가 키우는 노견인 뽀리 걱정을 번갈아 나누며 시부야 거리를 걸었다. 날씨가 쾌청했다.

여동생과 내가 향할 장소는 시부야에서 조금 걸으면 도착하는 쇼토松濤 지역이었다. 쇼토는 지금도 일본을 대표하는 부촌이다. 〈풍요의 바다〉 제1권 『봄눈』의 주인공 기요아키의 가문인 마쓰가에가家의 대저택과 광활한 정원이 있는 곳이다.

『봄눈』에는 다이쇼 시대 화족의 풍속이 화려하고 고풍스러운 언어로 그려진다. 마쓰가에 후작은 시부야 교외에 14만 평의 광대한 대지를 소유한다. 주인공인 기요아키는 마쓰가에 후작의 외아들이자 가쿠슈인 고등과에 다니는 감수성이 풍부한 미청년이다. 다이쇼 시대는 일본 제국 전체의 부가 크게 증산되었던 시절이다. 호황과 번영, 일장춘몽의 시절이 배경인 이 소설은 기요아키가 황실의 정혼자인 사토코와 나누는 애절한 금단의 로맨스다.

〈풍요의 바다〉 시리즈를 집필하면서 미시마는 작품이 자신이 살고 느낀 전부를 담을 대작이 되리라는 사실을 예고한다. 제2권 『달리는 말』 연재하던 와중 자위대에 체험 입대하고 방패회를 창단하며 죽음을 준비한다. 이에 걸맞게 시리즈 전체가 미시마가 체험한 일본의 총집편이다. 각 권마다 스무 살이 되기 전에 죽는 천인天人들, 시대마다 다른 모습으로 환생하며 이른 죽음을 맞는 아름다운 요절자들이 등장한다. 그가 1945년의 여름에 한 번 실패했던 요절이다.

시부야역 앞은 번화한 쇼핑 스트리트이자 도쿄의 중심이다. 여기서 조금만 벗어나면 전혀 다른 분위기의 쇼토 지역이다.

산책길 5 문무양도

기요아키의 친구 혼다는 시대마다 각기 다른 모습으로 태어나는 환생자들과 조우하며 일본의 근대사를 통과한다. 혼다는 법조인이자 이 환생담 전체를 증언하는 인물인데, 법적 논리의 철두철미한 원칙에 매혹되었던 미시마의 다른 자아를 반영하는 듯하다. 기요아키는 순간을 사는 낭만적인 행위자(보여지는 자)이며, 혼다는 천인들에 대한 그리움 속에서 평생을 살며 역사 속을 서성거리는 합리적인 인식자(보는 자)다. 내가 소설을 습작하던 당시만 해도 〈풍요의 바다〉는 소문이 무성한 일본 문학의 전설적인 걸작이었다. 이 글을 쓰는 시점인 2025년은 시리즈의 마지막인 『천인오쇠』까지 훌륭한 퀄리티로 번역되어 있다.

화족의 우아한 생활상 속에는 번영과 호사에 취한 나른한 고단함 같은 것이 묻어난다. 부유한 화족 사회의 이면에 감추어진 속물성과 도덕적 해이가 기요아키의 사랑담 속에서 점점 드러난다. 기요아키의 몽상적인 인물상은 초반부에는 전형적인 귀족 소년이지만, 사토코에 대한 연심은 그를 막연한 도취와 불만 속에서 구출해 위태롭고 투명한 사랑의 열정 속으로 몰아간다. 기요아키는 불가능한 사랑의 낭만적 아름다움을 체현하는, 죽음을 향해 정직하게 진격하는 미적 존재로 무르익는다.

기요아키의 아름다움 앞에서 신비로운 아득함을 느끼는 법조인 혼다의 독백은 근대적 이성이 절뚝거리고 당혹스러워하는 지점에서 현현하는 불가해한 경이의 오라를 입체적으로 표현한다. 합리성으로는 결코 측량할 수 없는 아름다움, 그 수수께끼를 목격하고 사유하며 늙어 갈 수밖에 없는 혼다. 종교와 이성, 신비와 역사, 전통과 근대, 현실과 환상의 무늬가 난분분하게 수놓인다.

미시마는 미려한 언어로 일본 사회 고위층의 풍속을 복원한다. 그들의 허위의식과 위선을 들추어내는 데에도 거리낌이 없다. 정교하게 제련된 미적 언어와 풍경에 어린 명상적인 은유의 윤무가 페이지마다 금실로 자수를 놓은 것처럼 빼곡하다. 역사와 인간의 의지에 관한, 환생과 윤회에 관한 근사한 성찰들은 미시마가 자부한 최고작에 부응하는 걸작의 품격을 지닌다.

〈풍요의 바다〉는 러일 전쟁에서 사망한 일본 군인들의 전사자 위령제 사진을 묘사하며 시작한다. 세피아빛으로 바랜 낡은 사진 속에 유령처럼 아른거리는 죽은 군인들의 비애로 시리즈의 입구를 열어젖힌다는 사실을 언급하고 싶다. 이들로 대표되는 일본 정신이 쇠퇴와 분열, 부패와 소멸의 다사다난한 스펙트럼을 겪으며 손상되거나 때로는 눈부시게 부활하는 모습이 작가로서의 미시마가 치열하게 재현했던 일본적 미의 역사일 것이다. 일본인의 의지와 열정, 찬란함과 덧없음이 고스란히 담긴 미의 역사. 누추해지는 시대와 비정하고 도도하게 흘러가는 역사의 물길.

미시마는 〈풍요의 바다〉가 앞으로 다시는 도전할 수 없는 소설적 결산이자 전력투구, 작가로서의 총력전이 되리라는 사실을 독자에게 주지시킨다. 그는 소설을 마무리한 뒤의 미래를 자신에게 허락하지 않을 기세다. 미시마가 인물을 창조하는 작가로서의 자신에 만족하지 못하는 작가라는 사실은 여러 차례 언급한 바 있다. 그는 작가에 더해, 소설 속의 인물인 미적 대상으로까지 스스로를 내던지길 원한다. 작가이자 소설 속의 인물임을 달성하는 것, 〈사형수이자 사형 집행인이 되는 것〉. 그것은 〈미시마 사건〉에 얽힌 그의 결단을 설명하는 방식 가운데 하나다. 미시마는 결국 자신의 죽음으로 닫힐 유장한 역사의 파노라마를 펼쳐 놓는다.

마쓰가에 후작의 정원에는 뱃놀이를 할 만큼의 커다란 연못이 있다. 연못 가운데는 작은 섬과 폭포가 있고, 배치된 등롱 또한 2백여 개가 넘는다. 뒤채에는 광활한 노송나무 숲이 자리한다. 패전 이후 일본의 화족 제도는 폐지되었지만, 도쿄 곳곳에는 그들의 부와 권세를 유추할 공간이 보존되어 있다.

나베시마쇼토 공원鍋島松濤公園은 마쓰가에가의

정원만큼은 아니지만, 그 정원의 축소판인 듯 유사한 구조를 가진다. 일본 전통 정원의 모습을 간직하는데다, 공원의 중심에는 자라가 헤엄치는 제법 널찍한 연못이 있다. 연못의 중심에는 작은 섬과 폭포, 물레방아와 오두막도 있다. 우거진 녹음 사이로 주민들이 벤치에 앉아 한가로이 연못을 구경했다. 아이들의 우렁차고 명랑한 목소리가 놀이터의 미끄럼틀 위를 들락거렸다.

나베시마쇼토 공원 일대는 원래 일본의 유력 화족 가문인 나베시마가家의 소유였다. 가문의 차밭이 있었다고 한다. 쇼토라는 지명은 이 차밭에 붙은 명칭이었다고. 나베시마가에서 연못이 있던 차밭 주변에 어린이용 시설을 만들어 개방했던 것이 다이쇼 시대 말기, 현재에는 국가가 관리하는 구립 공원이 되었다.

미시마 또한 나베시마쇼토 공원을 자주 드나들었을 텐데, 공원에서 세 블록 정도 떨어진 장소에 어린 시절 거주했던 할머니 나쓰코의 자택이 있었기 때문이다. 문화가 고위층과 부유층의 전유물이었던 과거, 권세와 위신을 자랑하는 지방 제후인 다이묘였다가 근대화 이후 화족으로 편입된 이런 일본 명문가의 풍속이란 일본 전통의 명암을 동시에 보여 주는 매개였을 것이다.

『봄눈』의 마쓰가에가는 메이지 시대의 훈공으로 신新 화족으로 부상한 계층이지만, 다이쇼 시대에 이르러

선대의 유훈을 망각하고 스스로가 가짜라는 열등감 속에서 헛것인 양식에만 몰두한다. 이들의 화려함 속에는 권태와 퇴폐가 스며들고, 귀한 신분 아래에는 불륜과 통정, 명예와 위신에 대한 집착 같은 속악하고 천박한 면모가 권세의 위장막 아래 감추어져 있다. 이들의 위엄은 전통적 가치의 권위나 일본 정신으로부터 지지되지 않고, 서양식 삶을 은밀히 예찬하는 한편 재물과 명예, 가문의 보전에만 급급한다. 『봄눈』에 나오는 기요아키와 사토코의 사랑담은 이런 위선과 기만으로 분주한 화족 사회와 대조되면서 비극적인 오라를 발한다.

이 호화로운 생활 이면의 것이 그들의 위선과 권태, 일본 정신의 몰락과 부패의 전조만은 아니다. 식민지 시기를 묘사한 한국 문학에 드러난 피폐함과 궁핍함, 처참한 현실에 대한 핍진한 묘사들을 감안하면, 비슷한 시대를 다룬 『봄눈』에서의 유유자적한 신선놀음, 출생과 간통의 비밀, 화족 소년의 죽음을 불사하는 순정한 사랑이라는 것은 그것이 세계 공통의 보편적인 테마라고는 하더라도 분홍색 구름으로 치장된 것처럼 비현실적으로 느껴진다. 우리의 역사적 유전자가 기억하는 과거와 미시마의 역사적 유전자가 기억하는 과거가 달라서일 것이다.

박경리가 미시마와 가와바타를 포함한 일본 문학을 〈가냘픈 로맨티시즘〉의 산물로 비판했던 것도 이러한 맥락에서 이해된다. 미시마가 미군정 시기를 일본의 자주성에 대한 심대한 훼손이나 굴욕으로, 결국에는 자살의 근거로 바꿔치기하는 모습을 바라볼 때면…… 더 오랫동안, 체계적인 문화적 파괴를 경험했던 우리로서는 호들갑 좀 떨지 말라고 윽박지르고 싶은 얄궂은 마음이 든다. 미시마의 낭만적 죽음에 대한 동경과 우리의 지난했던 생존의 갈망 사이의 간극에서 말이다. 기억의 격차 너머 미시마를 읽는 우리의 눈이 있고, 문학은 다른 시선들이 드나드는 환승역에서 서로 갈등하는 맥락을 작품 내부로 소환하는 일을 거부하지 않는다.

나베시마쇼토 공원의 푸르스름한 연못을 바라보며 여동생과 이야기를 나눴다. 여동생은 일본에서 어렵게 취업 준비를 했었는데, 한번 구직에 실패해 한국으로 돌아왔고, 다시 일본으로 떠나 직장 생활을 하고 있다. 나베시마쇼토 공원에서 나쓰코의 집이 있다는 장소까지 거닐었다. 그 자리에는 고택처럼 보이는 일본식 전원주택이 있었는데, 글쎄. 그곳이 나쓰코의 자택이었는지는 확인하기 어려웠다.

나베시마쇼토 공원에서 10여 분 정도 거닐면 도착하는 고마바 공원駒場公園에는 마에다가家의 일본식 고택과 웅장한 양관洋關이 있다. 나베시마가처럼 마에다가 또한 권세가 높았던 일본의 화족 가문이었다. 『봄

고마바 공원에는 마에다가의 일본식 고택과 웅장한 양관이 있다. 나베시마가처럼 마에다가 또한 권세가 높았던 일본의 화족 가문이었다.

눈』의 이모저모를 상상하며 고택과 양관을 번갈아 거니는 재미가 있었다. 한편에는 일본식 고택이, 다른 한편에는 서양식 저택이 놓인 공원의 구조는 마치 서로 분리된 병풍 사이를 뛰어넘는 느낌을 주었다. 당대 일본 화족들의 삶이란 서양식 정복에서 하카마로 갈아입고, 하카마에서 서양식 정복으로 갈아입는 생활의 연속이었을 것이다.

그러고 보니 화혼양재和魂洋才라는 말을 들었던 기억이 있다. 근대화가 가속화되던 시기, 일본인들은 서구적인 문물과 일본적인 정신의 조화로움을 갈망했다. 〈교육칙어〉는 전통 속의 천황과 서구 근대의 법치주의 제도를 한데 엮어 민중을 황국 신민으로 육성하려는 기획이었다. 전통과 서구화 사이에서 휘청거리던 일본 사회, 둘 사이를 작위적으로 결합시키려는 일본은 많은 전쟁 범죄와 폭력을, 잔혹한 폐단을 낳았다.

근대 소설은 서구에서 수입된 양식이며, 미시마를 포함한 많은 일본 작가들이 이를 일본 고유의 정신으로 채우기 위해 노력했다. 미시마에 한정하면, 그는 일본 정신이 서구에 의해 얌전하게 길들여진 꽃꽂이 화병 속의 가녀린 이방의 문화로 남는 것을 용납하지 못했던 작가였다. 그는 서구의 문화적 제국주의에 대항할 무사도의 나라, 야수적인 일본까지를 자국 문화의 순수한 원형으로 간주했다. 미시마에게 〈아름다운 일본〉이란 허울 좋은 명패였다. 서구의 미적 대상으로서 무기력하게 예속된 일본 사회는 더는 그가 꿈꾸는 일본의 본질이 아니었던 것이다. 그는 아름다움에 더해, 불편하고 도발적이며 서구적 타자와 기꺼이 투쟁할 주체적인 남성성을 회복하는 것까지를 일본의 고유한 정신으로 간주했다.

물론 미시마는 전쟁 시기의 일본에 찬성하지 않았다. 그는 군부 독재와 언론 통제, 패전과 천황의 〈인간선언〉으로 참담하게 실패한 〈정치 개념으로서의 천황제〉가 아닌 〈문화 개념으로서의 천황제〉를 외치며 남성성의 발현과 추구를 문화 영역에 한정지었다. 그러나 일본 문화의 주체적인 남성성이 연상시키는 전쟁 범죄나 폭력적인 지배의 역사를 고려했을 때, 그러한 정치적 몽상에 깃든 한계 또한 명확하리라는 생각이 든다.

타자와 싸울 수 있는 강인한 능력, 미시마라면 문화의 남성성이라고 불렀을 타자와의 투쟁과 대립을 통해 획득되는 주체성이란 어쩌면 허약한 것이 아닐까? 그것은 여전히 대항 세력과의 관계에 의존적이라는 점에서 말이다. 물론 주체성이란 편안한 요람의 세계에서는 결코 획득되지 않을 것이다. 주체가 되기 위해서는 타자가 우글거리는 외부 세계로 나서야만 하고, 때로는 나를 지키고 발명하기 위해 그들과 싸울 각오를 해야

한다. 그러나 순수가 아닌 것을 베어 버리는 방식이 아니라, 요란스럽게 나의 순수를 더럽히는 외계의 파편들을 모아 새로운 주체성을 생산할 수는 없는 걸까?

미시마가 자결했던 시기, 일본에 남아 있는 사무라이의 〈칼〉이 있다면 그것은 미국이나 소련의 항공 모함과 핵미사일, 혹은 이미 자리 잡은 평화 체제를 향해 뒤도 돌아보지 않고 〈반자이 돌격〉할 수는 없는 칼이었다. 전쟁은 오래 전에 끝났고, 그것은 멍청하고 끔찍하기 짝이 없는 일이었으며 미시마도 이를 원하지 않았다.

〈2.26 사건〉의 청년 장교들이나 『달리는 말』의 이사오가 옆구리에 찼던 일본도, 부패한 이들을 척결하는 정의로운 일본도는 현대 민주주의 사회에서 테러리즘이나 극우 범죄, 광신 범죄 이상의 가치를 갖지 않는다. 미시마 또한 이를 알고 있었다. 저항하거나 대적하는 진검이 될 수 없는 사무라이의 칼은 단지 칼을 든 사무라이의 육체를 파괴하는 방식으로만 그 전통적인 실재를 증명할 수 있을 따름이다. 미시마는 현대화된 도쿄 한복판에서 진검을 휘두를 무사도의 제단을 설치했고, 스스로를 베었다. 그것이 녹슨 애물단지로 변한 일본도로 저지를 수 있는 최대의 파격이었다.

마에다가의 고택 안으로 들어서면 다다미방으로 반듯하게 나뉜 단아한 내부 구조와 창문 바깥으로 내다

보이는 고즈넉한 일본식 정원의 풍광이 근사하다. 휘두름히 기울어진 소나무 옆으로 작은 석등이 놓여 있다. 양관은 동화 속에 나오는 빅토리아풍의 대저택을 그대로 복제한 듯했는데, 일본 한복판에 이식된 서구의 건축물은 유럽의 작위 제도를 고스란히 모방한 일본의 화족 제도처럼, 어쩐지 서구의 미니어처 같았다. 2층으로 오르자 새파란 풀밭이 드넓게 펼쳐진 뒤뜰이 내다보였다. 창문 옆에서 동생과 사진을 찍었다. 양관이 한눈에 보이는 벤치에 앉아 멍을 때렸고, 여동생은 직장 생활의 고충을 장황하게 늘어놓았다. 모든 것이 다행이라는 안도감이 있었다. 산들바람이 무성한 잎사귀를 간질이며 짙은 그늘의 윤곽을 조금씩 흔들었다.

고마바 공원에는 일본 근대 문학관이 위치한다. 아쿠타가와 류노스케나 가와바타 야스나리를 비롯해 문학에 관련된 방대한 자료들을 보관한다. 여동생은 문학관 내에 비치된 자료들을 상세히 읽어 주었다. 여동생과 근대 문학관 1층의 카페에 앉아 아이스커피를 시킨 뒤 〈너 대체 어떻게 살고 있는 거야〉를 남발하며 푸념하듯 서로의 일상에 관해 이야기했다. 오래 전부터 서로가 서로에게 엄살을 부릴 권한을 공유한 사이였기에 넋두리가 끝없이 이어졌다.

우리는 카페에서 나와 초밥을 먹으러 지하철역을 향해 이동했다. 날이 어둑해지며 점점이 비가 내렸다.

비는 향긋하고 눅눅했고, 여동생이 골라 둔 식당까지 덜컹거리는 지하철을 타고 가면서 본 차창 밖의 노을은 신비롭고 생생한 오렌지빛이었다.

#산책길 6
– 죽음

가마쿠라 도쿄
후지산
18 **19**

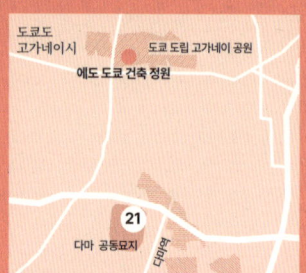

도쿄도
고가네이시
도쿄 도립 고가네이 공원
에도 도쿄 건축 정원

21

다마 공동묘지

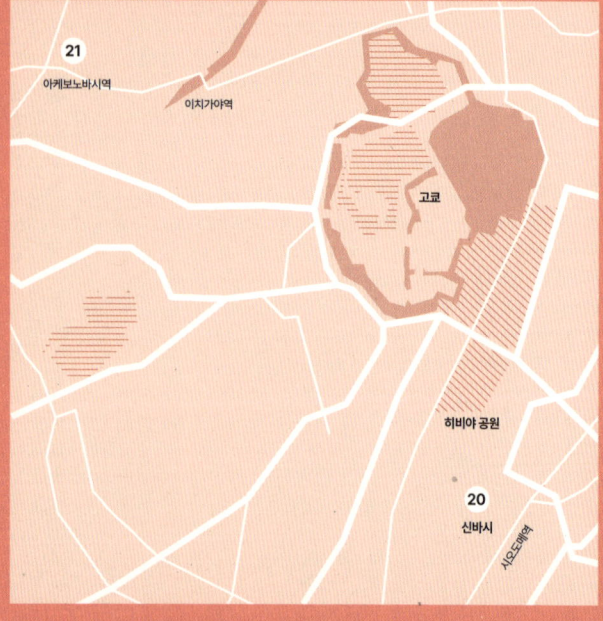

21
아케보노바시역
이치가야역
고쿄
히비야 공원
20
신바시

- 45세(1970) 2월, 『새벽의 사원曉の寺』 탈고. 〈미시마 사건〉을 기획하며 매월 군사 훈련을 실시했고 궐기 날짜를 타진한다. 6월, 유언장을 작성한다. 7월, 〈풍요의 바다〉 제4권 『천인오쇠』 연재를 시작한다. 「산케이신문」에 「지키지 못한 약속 — 내 안의 25년果たし得ていない約束―私の中の二十五年」을 발표한다. 9월, 대담집 『승부의 마음尚武のこころ』, 『원천의 감정源泉の感情』이 출간된다. 자신의 정치 행동 이론을 담은 「혁명 철학으로서의 양명학革命哲学としての陽明学」을 발표한다.
- 45세(1970.11.25.) 『천인오쇠天人五衰』 탈고. 방패회 단원들과 육상 자위대 이치가야 동부 방면의 총감실을 습격, 발코니에서 자위대의 궐기를 촉구하는 최후의 연설을 마친 뒤 할복 자살한다.

18. 가마쿠라 고토쿠인
19. 유이가하마 해변
20. 식당 스에겐
21. 일본 방위성
    이치가야 기념관/
    미시마 유키오 묘지

산책과 함께할 책

〈풍요의 바다豊饒の海〉 제1권 『봄눈春の雪』, 1969
〈풍요의 바다〉는 총 4부작(『봄눈』, 『달리는 말』, 『새벽의 사원』, 『천인오쇠』)의 대하 장편소설로, 미시마 최후의 작품이자 미시마 문학 세계의 집대성이다. 반복되는 환생과 윤회를 주제 삼아, 주인공인 혼다가 친구 기요아키의 환생자들과 만나는 이야기를 담는다. 환생자들은 각각 스무 살 이전에 사망하는 천인들로, 혼다는 일본사 전체를 통과하며 각기 다른 환생자들의 삶과 죽음과 조우한다. 제1권 『봄눈』은 다이쇼 시대 초기, 일본 화족 사회를 배경으로 미청년 기요아키와 사토코의 비극적이며 애절한 사랑담을 다룬다. 사토코는 사랑의 실패 이후 절에 들어가 비구니가 된다. 기요아키는 사랑의 열정 속에서 사토코를 그리워하며, 친구인 혼다에게 다음에 만나자는 말을 남기고 죽음을 맞이한다. 기요아키는 제2권 『달리는 말』의 이사오로 환생하고, 이를 목격하는 혼다는 환생자들 사이의 망아忘我와 미의 순환이라는 어지러운 일본사 속으로 들어선다.

함께 걸을 작가

오에 겐자부로 大江健三郎, 1935~2023

오에 겐자부로는 『개인적 체험個人的な體驗』(1964), 『만엔 원년의 풋볼万延元年のフットボール』(1967)로 널리 알려진 일본 문학사의 거장이며, 〈일본의 양심〉으로도 불린다. 가와바타에 이어 일본 작가 중 두 번째로 노벨 문학상을 수상했다. 미시마보다 열 살 연하이지만, 1950년대 후반부터 일본 문단에서 함께 활동하며 미시마와 첨예한 대립각을 형성했다. 미시마가 전통으로의 회귀를 주장하며 〈평화 헌법〉의 개정을 주장했다면, 오에는 타자에 대한 책임과 공동체적인 윤리에 대해 이야기하며 〈평화 헌법〉의 이념을 수호하려 했다. 미시마가 할복을 통해 미의 완성으로 나아갔다면, 오에는 살아남은 자의 윤리에 대해 언급하는 가운데 미시마의 반민주주의적인 퇴행을 비판했다.

그는 〈일본의 미〉라고 하는 전근대적 신화를 해체하며, 일본 근대사 속의 다양한 소수자 형상을 묘사하는 한편 파시즘적인 집단주의의 끔찍한 폭력성을 사유했다. 『히로시마 노트ヒロシマ·ノート』(1965)에서는 원폭 피해자의 고통에 대한 성찰과 공명의 태도를, 『개인적인 체험』에서는 죽음 강박과 현실 너머를 향한 동경과 환상을 중단시키고 장애를 가진 아이에게로 귀환하는 전개를 보여 준다. 위험한 극단이 되어 문학과 삶의 완전한 일치를 꿈꾸고, 문학의 불완전성을 죽음과 폭력으로 파괴하려 했던 미시마의 영웅적 〈숭고〉와 대립하는 오에는, 언어의 불완전성을 짊어진 채 이를 문학의 조건으로 재구성하는 삶의 성숙과 재생을 대표하는 작가다. 오에와 미시마를 축으로 그들의 대화를 상상하며 일본을 걷는다면, 문학적 산책은 더욱 풍부해질 것이다.

18. 가마쿠라 고토쿠인   鎌倉大仏殿高徳院
4 Chome-2-28 Hase,
Kamakura, Kanagawa

도쿄에서 한 시간 반 정도 지하철을 타면 가마쿠라鎌倉에 도착한다. 「슬램덩크」의 성지인 가마쿠라 고등학교가 있고, 해안을 따라 장난감 같은 전철 에노덴이 정겨운 소리를 내며 지나가는 근사한 마을이다. 가마쿠라 막부가 있었던 옛 일본의 도읍이다. 마을 곳곳에 웅장한 대궐부터 소박한 암자까지 1천 년 이상의 역사를 자랑하는 사원과 신사가 즐비하다.

기타가마쿠라역北鎌倉駅에 내려 엔가쿠지円覚寺를 둘러보았다. 철길 저편 나지막하고 수수한 단색 지붕 집들이 오밀조밀하게 이어졌다. 빌딩에 가로막혔던 시야가 트였다. 엔가쿠지로 들어서자 승복을 입고 게다를 신은 스님들이 사찰 안의 건물마다 합장하며 지나갔다. 산새들의 지저귐 사이로 어디선가 목탁과 독경 소리가 은은하게 들렸다. 마음이 고요함으로 팽팽해졌다.

상아색 지붕을 얹은 본당의 연꽃 향로 위에 앉은 근엄한 금동 불상이 기억에 남는다. 나쓰메 소세키와 시마자키 도손島崎藤村 같은 일본 문학을 대표하는 작가들이 이곳에서 수련했다고 전해진다. 뒤뜰의 공원 묘지에는 일본을 대표하는 영화감독인 오즈 야스지로의 묘가 있다. 〈무無〉라는 글자가 큼지막하게 적혀 있는 비석 위로 그를 애도하는 꽃과 술병이 한가득 놓여 있었다.

『봄눈』 속 마쓰가에 후작의 별장인 종남별업終南別業도 가마쿠라에 있다. 기요아키와 혼다는 일본에 찾아온 시암 왕자들과 종남별업에서 여름 방학을 보내며 가마쿠라 곳곳을 탐방한다. 이 무렵은 기요아키와 사토코의 밀회가 걷잡을 수 없어진 시기다. 혼다는 기요아키의 부탁으로 매일 밤 도쿄에서 가마쿠라까지 운전해 사토코를 데려가 그들의 밀회를 돕는다. 일부러 밉살스럽고 매정하게 구는 기요아키의 태도로 인해 본심을 오해한 사토코는 황실과의 혼례를 앞둔 상태다.

기요아키는 유약하면서도 우아한 한 마리 학 같은 미모의 소유자다. 미시마라면 〈여성적〉인 아름다움이라고 표현했을 고귀하고 청초한 꽃인데, 정치에 무관심하며 감수성의 세계에서만 살아가는 그는 타락한 일본 화족 사회에 독야청청하게 피어난 메이지의 〈국화〉다. 가냘픈 예술적 영혼이지만, 온실 속 화초처럼 현실과 정치에 관심이 없이 권태와 유락 속을 헤맬 뿐이다.

소설 초반부, 황실의 시동이었던 어린 기요아키는

천황의 비인 가스가노미야 비전하 앞에서 비틀거리며 숨 멎을 듯한 에로스를 느낀다. 이 체험을 깊이 간직하는데, 짓궂게도 사토코의 사랑을 거부하고 밀어내던 기요아키가 본격적으로 사토코와의 사랑에 빠지는 순간은 사토코와 황실의 혼례가 결정되었을 때다. 금기와 불가능이 이들의 사랑을 돌이킬 수 없이 증폭시킨다.

감히 접근할 수 없는 황실의 여자를 사랑하는 기요아키는 배덕의 힘을 통해 맹렬한 사랑의 열정으로 빠져든다. 미시마에게 천황을 진실로 사랑하는 사람이란 천황에 도전하거나 그의 명령을 위반하는 사람일 것이다. 천황의 눈을 가리는 체제적 질서에 고분고분하게 순종하는 사람은 미시마에게 있어 천황과 일본을 그리 중요하게 여기지 않는 사람일 확률이 높다. 모순적인 이야기다. 그러나 실제 천황보다 아름답기 때문에 미시마를 견딜 수 없는 불안으로 내몰았던 대상이 바로 미시마가 사랑했던 일본의 천황이자 그것으로 대표되는 일본의 문화이기도 하다.

천황조차 기피하는 절대 천황제 부활을 주장하며 목숨을 내던진 미시마는 기요아키처럼 천황을 사랑하기 때문에 천황에 반항하는 방식이 무엇인지를 잘 보여준다. 미는 매혹과 질투, 굴종과 반항이라는 모순된 정념들을 낳는다. 모순된 선로 위에서 롤러코스터를 타는 강렬한 정념들은 우리가 미 앞에서 괴로워할 때 일어나는 자연스러운 감정이다. 즉 천황을 죽이는 일과 천황을 위해 죽는 일은 같다. 천황에 반역하는 일과 천황을 사랑하는 일은 같은 뿌리를 공유하지만, 천황이 없다면 사랑도 반역도 불가능하다. 그러니 천황은 반드시 있어야만 한다. 미시마에 따르면 미움과 증오는 비틀린 애착이나 선망일 수도 있으며, 그렇기에 사랑이란 그 대상을 향한 저항이자 위반일 수도 있다. 일본의 전통과 문화는 천황을 향한 모든 정념의 발현을 아울러 〈미야비〉라고 부른다. 그 중심에는 언제나 천황이 있다.

미시마가 지닌 천황을 향한 애정은 기요아키가 가스가노미야 비전하에게 느꼈던 황홀한 우아함 같은 것이지 어떤 법이나 제도일 수는 없다. 현실의 천황제와는 무관할지도 모르며, 미시마에게 충忠과 애愛는 동일한 기원을 갖는 강렬한 에로스적, 낭만적 감정이다. 그것들은 둘 다 인간을 죽음으로 내몰기 때문이다. 미시마가 사랑하는 환상 속의 천황. 결국 미시마는 자아의 환상을 향해 자결하며, 현실에서는 퇴락했으나 환상 속에서는 놀라울 만큼 생생해진 천황을 현실로 부활시키려 시도하는 셈이다.

그러나 미시마의 천황은 미조구치의 〈금각〉처럼 미시마의 환상과 현실이 결합해 탄생한 실체 없는 가상이다. 물론 일본의 문화와 미야비는 미시마가 썼던 아름다운 문장 속에 구체적으로 보관된다. 우리는 여전히

『봄눈』에서 그것을 읽는다. 그러나 그가 죽음을 불사하더라도, 소설에 보관된 자아의 환상을 현실로 꺼낼 수는 없다. 〈미시마 사건〉은 미시마 유키오라는 발칙한 기인의 난동으로 기억된다. 일본은 변하지 않았고 미시마는 죽었으며 그의 소설만이 이곳에 남았다.

어쨌든 기요아키는 불가능한 사랑에 도전하는 낭만적 주체로 거듭난다. 빗발치는 봄눈과 패혈증 속에서 사토코에게로 나아가는 죽음에의 의지를 점유한다. 파멸의 에로스가 불러오는 격렬한 환희와 고통을 향해, 올곧게 전진하는 기요아키에게서 초반부의 나른함과 목적 없는 불만을 찾아볼 수 없다. 불가능을 향한 위반의 맹목은 도덕을 거스르는 미를 작동시킨다. 생이라는 최후의 금기 저편에 있는 죽음과의 관계를 성립시킨다.

이 사랑에는 부자연스러운 구석도 없지 않다. 불가능과 금기를 향해 투신하는 기요아키의 열정은 사토코를 향해 있는 것이 아니라, 도달 불가능함과 위반을 향유하는 기요아키의 미로 수렴되기 때문이다. 사토코에 대한 열정 또한 어느 순간 죽음에의 열정으로 둔갑한다. 이것을 사토코를 향한 사랑이라고 부를 수 있을까? 둘 사이의 금기와 단절이 가혹해졌을 때, 기요아키는 금기의 경계에서 삶을 소모하고 분분이 쓰러지며 미시마가 몽상했던 메이지의 〈국화〉를 완성한다. 기요아키가 진정으로 사랑했던 것은 사토코가 아니라 그 금기였을 것이고, 금기야말로 사랑을 죽음까지로 확장하는 열쇠일 것이다.

사토코가 임신한 아이를 중절하고 비구니가 되어 출가했을 때, 기요아키는 몸살의 고통을 무릅쓰고 사찰의 산문山門을 넘기 위해 사토코에게로 향한다. 사토코는 기요아키를 거절한다. 그가 아는 사토코는 이미 거기 없다. 기요아키는 사토코를 머릿속으로 그리며 절절한 비애를 쏟아 낸다. 봄눈은 절대적인 불가능성 앞에서 좌절해 절망하는 기요아키의 어깨 위로 날리는 희미한 눈이다. 불가능을 돌파하려는 덧없는 안간힘이 처연한 사랑의 몸짓으로 만개한다.

가마쿠라역에서 에노덴으로 환승하고 하세데라역長谷寺駅에서 내려 고토쿠인高徳院까지 걸었다. 수학여행 시즌인지 다섯 여섯 명씩 짝지은 중학생들이 공책을 들고 돌아다녔다.

천년 고찰인 고토쿠인 안에는 가마쿠라의 랜드마크인 거대한 대불大佛이 있다. 높이가 11미터가 넘는 청동 불상으로, 건조 연한은 가마쿠라 막부 시대로 거슬러 올라간다. 결연하게 입을 다물고 볕을 등진 채 근엄한 무아 속에서 가부좌를 튼 대불의 규모에 압도되었지만, 수첩에 뭔가를 빼곡하게 적으며 교복을 입고 돌아다니는 중학생들의 모습이 청량한 판타지 속 꼬깃꼬깃하게 접은 추억을 상기시켰다.

대불 옆으로 단출하게 자리한 작은 전각인 관월당은 원래 경복궁에 있던 건물이었다. 돈이 부족했던 조선 왕실에서 금융 담보로 일본에 넘겼는데, 도쿄로 이축되었던 관월당은 1924년 고토쿠인으로 이전되었다. 일본과 한국의 현대사를 가로질러 살아남은 전각. 빛바랜 처마와 단청에서 여러 장소를 건너온 전각의 시간이 아득하게 읽혔다. 한양 도성에 있다 가마쿠라의 대불 옆에서 문득 깨어난 관월당은 마치 환생한 것처럼 얼떨떨한 기분이었을지도 모른다. 최근 관월당이 다시 한국으로 환수되었다는 기사를 접했다. 내가 모르는 사이에도 관월당의 환생 여행은 계속되는 중이다.

기요아키와 혼다, 시암 왕자들도 종남별업의 뒷산을 올라 가마쿠라의 경치를 내려다보다 그 중심에 우뚝 서 있는 대불을 목격한다. 시암 왕자들은 그 자리에서 엎드려 절을 하고, 혼다와 기요아키는 시암 왕자들이 속한 불교적인 세계를 훔쳐본다. 시암 왕자들과 혼다는 환생에 관해 토론을 나눈다. 이때까지만 해도 혼다는 환생을 믿지 않는다. 혼다의 의견을 정리하면 대략 이렇다.

전생을 알 수 없는 인간은 전생의 자아를 망각하고 그로부터 단절된 채 현생에 다다른다. 모든 인간은 현생에서 벌어지는 역사의 소용돌이 속에서 자신만의 사상을 가진다. 인간은 죽음을 통해 덧없이 사라질 헛된 미망迷妄을 가진 채로 현생을 살며, 역사와 경험을 통해 전생과 현생의 사상이 완전히 달라질 수도 있다. 다이쇼 시대, 정치에 무관심했던 미청년 기요아키가 쇼와 시대에는 정치적 열정으로 무장한 사무라이 이사오로 환생할 수도 있는 것이다. 정말 환생이 존재한다면 전생의 자아와 현생의 자아를 통합할 〈하나의 사상〉이 필요한데, 그것은 증명될 수 없다. 환생을 증명하기 위해서는 전생과 환생을 각각 증언할 〈제삼의 견지〉가 있어야 하며, 그것은 환생의 고리와 윤회전생 바깥에서 환생자들을 연결하는 〈하나의 사상〉을 통찰하는 깨달음의 경지일 테다. 그런데 불교에서의 깨달음, 즉 해탈이란 윤회전생 바깥으로 벗어나 열반에 이르는 일이다. 열반자에게는 환생조차 없는 것이다. 따라서 환생이라는 개념은 성립 불가능하다.

이렇게 환생의 불가능을 이성적으로 논증한 혼다는 모순적이게도 기요아키의 환생자들과 조우하는 동시에 〈제삼의 견지〉라는 역할을 수행하게 될 것이다. 자아와 시대라는 어항 바깥의 신성한 틈새를, 생의 저편에서 깜빡거리는 현생 바깥의 비밀을 엿보게 될 것이

천년 고찰인 고토쿠인 안에는 가마쿠라의 랜드마크인 거대한 대불이 있다.

다. 각기 전혀 다른 모습으로 태어나는 환생자들 앞에서 현기증을 느낄 것이며, 망아와 무아 속에서 제각기 다른 개체들을 관통하는 〈하나의 사상〉이 무엇인지를 탐구하게 될 것이다.

미시마는 기요아키로서 죽기를 바랐지만, 자신의 다른 모습인 혼다에게도 삶의 진실을 이해할, 이른바 깨달음으로 향하는 비좁은 통로를 열어 놓는다. 그 통로를 삶의 윤리라고 불러도 좋을 것이다. 삶은 죽은 자들을 기억하고 반추하는 일일 뿐이나, 결국 죽음을 통해 닫히게 될 어쭙잖은 생에게도 삶 바깥의 경이와 신비와 접촉하고 허무의 의미에 관해 사유하며 죽은 사람들이 남긴 메아리에 매혹되는 일이, 〈하나의 사상〉이라는 모종의 진실에 감응하고 응답하는 자의 몫이 여전히 남아 있다는 것이다. 미시마에게 삶은 죽음 앞에서 덧없을 것으로 밝혀질 허망한 집념이다. 그러나 죽음이란 삶의 편에 있을 때만이 불가해하게 반짝인다. 사유는 살아 있는 한 계속되며, 매혹과 신비는 삶의 저편에서 우리를 반복적으로 끌어당긴다.

그리고 그것은 미시마가 〈행위자〉로 변신하기 전부터 수행하던 문학이라는 과업을 가리킨다. 미적 대상 앞에서 열등감과 질투심에 사로잡혀 있던 소년 미시마는, 어느새 장년이 된 〈풍요의 바다〉에서 문文이라는 한계를 투명하게 절감한다. 곧 닥쳐올 죽음의 낭떠러지 앞에서의 생의 탐구를 긍정하는 가운데 이를 완수하고 감내하는 자의 책임을 스스로에게 부여한다. 죽음이라는 미래의 허망과 확정된 한계가 막아설 수 없는 열렬한 탐구가 존재한다면, 그것은 이미 죽음에의 두려움과 삶 속에서의 냉소와 불안을 극복한 탐구일 것이다.

결코 죽음이 될 수도 없고 죽음을 이해하지도 못하는 삶이 여기에 있다. 그러한 불가해함을 응시하면서 살아남은 자의 펜에서 흘러나오는 문학이 있다. 문학 속에서 살아 펄떡이는 욕망의 만화경이 있고, 인간의 유한성을 이해하기 위해 무한하게 펼쳐지는 생이라는 이름의 〈풍요의 바다〉가 있으며, 생만이 그렇게나 눈멀어 동경할 죽음이라는 이름의 〈풍요의 바다〉가 있다. 〈미시마 사건〉은 기요아키의 길을 선택한 그의 죽음이지만, 이전의 그의 삶 전체는 혼다의 길에 바쳐진다. 우리는 〈미시마 사건〉이 아니라 〈풍요의 바다〉를 읽는다. 〈미시마 사건〉이 끝내지 못한 혼다의 길을 읽고, 우리의 삶으로 되돌아와 그의 문장에 의해 한 뼘 정도 확장된 세계를 바라본다.

혼다에게 시암 왕자들은 묻는다. 누군가가 죽은 후에도 그 사람의 사상이나 정신이 전해지는 것은 어떻게 설명할 건가요? 시암 왕자들은 같은 개체가 각기 다른 사상 속으로 시간을 뛰어넘어 이어지는 것도 가능하다고 말한다. 그리고 환생이란 개체가 다른 개체로 이주하는 사건이 아니라 〈생의 흐름〉과도 같은 것이리라 덧붙인다. 혼다는 깊은 상념에 빠진다.

이제부터 혼다는 제각기 성격도 사상도 다른 환생자들 앞에서 그들을 연결하는 〈생의 흐름〉을 고민하게 될 것이다. 『봄눈』의 기요아키의 요절과 그 상실에 대한 깊은 애상은, 『달리는 말』에서 이사오의 생과 죽음을 바라보는 혼다의 눈으로 이어진다.

사실 우리는 일상 속에서 누군가의 환생을 자주 목격하지 않나. 기요아키가 살아 돌아온 것 같다는 말은 기요아키를 잊지 못했다는 뜻이다. 누군가에게서 기요아키를 떠올렸다는 뜻이며, 여전히 그를 사랑한다는 뜻, 그를 절대 다시 볼 수 없겠지만, 눈앞에 나타난 다른 누군가가 그때의 기요아키만큼 아름답다는 뜻이 아닐까. 죽음으로부터 환생의 혈맥을 타고 무언가가 계승된다. 기억은 늘 잔존하며 과거의 메아리는 지속된다. 미시마라면 기억을 통해 되살아나는 아득하며 감미로운, 어쩌면 자신을 과거의 치명적인 상실 속으로 몰아가는 위험한 메아리를 일본의 미라고 불렀을지도 모른다.

19. 유이가하마 해변 　　由比ヶ浜海水浴場

4 Yuigahama, Kamakura, Kanagawa

유이가하마由比ヶ浜 해변에 당도하자 광활한 바다가 반겨 주었다. 해변까지 거니는 동안 다소곳이 늘어선 집들과 철길 건널목이 있는 풍경이 마음을 정갈하게 가라앉혔고, 머릿속이 개운해졌다. 물보라로 되돌아오는 사가미만相模湾, 서퍼들이 색색의 서핑 보드 위에 올라 파도를 탄다. 모래사장은 피서를 즐기는 사람들이 북적였다. 리트리버 한 마리가 허리를 꿀렁거리며 해변을 뛰었다. 바닷바람에 머리카락이 헝클어진 연인들이 돌계단 위에 걸터앉아 수평선을 바라보았다.

　유이가하마 해변에서 에노덴 전철을 타고 에노시마江の島까지 향하는 루트는 차창 밖으로 보이는 경치가 수려해 이곳을 찾는 이들에게 사랑받는다. 고레에다 히로카즈是枝裕和 감독의 영화 「바닷마을 다이어리 海街diary」(2015)의 배경도 이곳이다. 해변까지 오는 길에 삶은 잔멸치가 가득 얹힌 시라스동을 먹었는데, 영화에도 등장하는 가마쿠라만의 특식이다. 시라스동 위

에 빨갛게 놓인 새콤하며 쪼글쪼글한 우메보시 한 알. 저절로 침이 고인다. 가마쿠라에서 처음으로 우메보시의 맛을 배웠다.

바다는 미시마에게 동경과 매혹이 얽혀 드는 특별한 메타포였다. 『꽃이 만발한 숲』에서 미시마는 밤마다 태평양 너머에 있는 뜨거운 열대의 나라로 향하는 환상의 항로를 그린다. 미조구치가 금각을 불태우기로 결심하는 바로 그 순간, 그의 눈앞에는 불길하게 요동치는 납빛 바다가 펼쳐진다. 〈나의 모든 불행과 어두운 사상의 원천, 나의 모든 추악함과 힘의 원천〉인 〈우라니혼(뒷일본)의 바다〉가. 금각을 불태워야 한다는 생각은 캄캄한 바다를 밝히는 횃불처럼 미조구치의 내면 위로 부상한다.

『금각사』에서 〈금각〉으로 비유되는 태양은 수평선을 밝히며 찬란하게 떠오른다. 미의 시작이다. 『새벽의 사원』에서 바다 저편으로 지는 해는 대낮을 불태워 밤의 잿더미로 남기는 미의 종말, 혹은 완성으로 제시된다. 『파도 소리』와 『오후의 예항』에 등장하는 바다 사나이들에 대한 그의 경애는 말할 것도 없다. 『파도 소리』의 어부 신지는 몰아치는 폭풍에 본능적이며 쾌활하게 맞서는 사람이다. 그는 드센 바다를 박차며 영웅처럼 어선의 구명줄을 부표에 매는 일에 성공한다. 다음

날, 바다는 쾌청한 태양 아래로 〈아무 일 없었다는 듯 능청스럽게 반짝〉이며 신지가 치렀던 영웅적인 행동을 치하한다.

미시마는 정말이지 끈질기게 바다에 매료되었다. 그의 소설에는 바다의 운동성이 묘사되는 대목이 가득하다. 바다는 낭만주의적 시인에게 질풍노도의 야수이자 인간을 깊은 심연으로 잡아당기는 유혹적인 손길의 연회장이며, 괴로운 밤을 극복하고 자립한 아침의 오디세우스에게는 잔잔해진 지중해 저편의 열대를 응시하며 축복받은 황금빛 나체를 드러내 보이는 장소다.

미시마에게 바다는 육지와 죽음 사이에서 출렁거리는 삶의 가장자리였다. 죽음과 투쟁하는 장소이자 죽음을 끌어안는 장소, 육지에 결박된 인간이라면 알 수 없을 모험과 영광의 장소였다. 신기루를 향해 항해하는 것, 육지의 원리에 반항하는 것, 그의 갈증을 달랠 오아시스는 삶에서는 닿을 길 없는 죽음에의 환상이었다는 듯 생의 가장자리를 향한 동경과 애착이 그를 자꾸만 바다로 이끈다. 『달리는 말』의 이사오가 할복하는 장소 또한 바다 앞이다. 피가 낭자한, 절복하는 고통 속에서 새벽을 건너는 이사오의 태양은 〈눈꺼풀 뒤에서 밝게 솟〉는다. 죽은 이사오는 이미 〈풍요의 바다〉의 일부가 되어 있다.

미시마의 소설을 읽은 뒤 바다에 관한 매력적인 은유 하나를 얻었다. 수면 위를 뒹구는 물결의 흐름, 솟구치는 물마루로 높아졌다가 어느샌가 연잎처럼 고루 평평해지는 바다의 흐름이, 너른 평원을 뛰어노는 말들처럼 보였기 때문이다.

　　지면에 발굽을 짓치고 탄탄한 엉덩이를 들썩이며 달려 나갈 준비를 하는 파도. 갈기를 파랗게 휘날리면서 어우러져 날뛰는 말들. 내가 딛고 있는 모래사장으로 말들의 진동이 전해진다. 물마루는 청회색 말들의 구부러진 모가지다. 콧김을 푸르릉거리며 늘씬하고 매끈하게 대지를 박차고 뛰쳐나가는 말들의 몸짓을 버티며 간신히 균형을 잡는 일에 성공한 서퍼들이 다시금 경쾌하게 수면 아래로 미끄러진다. 말들의 환영은 활달하게 해수면 위를 질주하며 서로를 뒤쫓다가 어느덧 몇 점의 하얀 포말로 산산이 부서진다. 그러나 수평선 저편에서는 또 다른 말들이 늠름하게 일어나 해변을 향해 다가온다. 바다는 수천 마리의 분마를 기르는 광대한 목장이다. 지치지 않는 말들은 해류와 기상의 변화라는 기수의 능란한 손길에서 휘둘러진 고삐의 인도를 받아 몇 천 킬로미터를 달려 이곳, 유이가하마 해변에 당도한 것인지도 모른다…….

　　『봄눈』에 묘사된 유이가하마는 더욱 장관이다. 힘이 넘치는 바다는 끊임없이 요동치며 생성과 소멸을

유이가하마 해변에 당도하자 광활한 바다가 나를 반겼다. 미시마에게 바다는 육지와 죽음 사이에서 출렁거리는 삶의 가장자리였다.

반복한다. 미시마는 〈바다와 뭍의 장대한 경계 앞에 서자 흡사 하나의 시대로부터 또 다른 시대로 이행하는 거대한 역사의 순간을 마주한 것 같다〉고 이야기한다. 바다는 해변에서 끝나고, 현재는 매번 한 시대가 끝나는 시간의 경계다. 파도의 융기와 종말은, 〈세계를 순환하는 전 해양적 규모의, 지극히 웅대한 계획 하나가 수포〉로 돌아가는 덧없음이지만, 그 종말과 좌절은 곧 상냥하고 온화해지며, 물결의 여린 선은 〈금세 혼란스러운 정념을 잃고 고른 모래의 표면과 한 몸〉이 된다.

바다에 대한 강직하고 풍부한 미시마의 묘사는 이후 두 페이지나 더 지속된다. 이 근사한 문단의 말미에, 미시마는 바다가 〈짙은 녹색의 수평선〉에 다다르면, 바다의 〈한없이 좁여진 푸른빛은 단단한 결정〉을 이룬다고 말한다. 〈아득한 거리와 방대한 면적으로 숨기고 있지만 그 결정이야말로 바다의 본질〉이며, 〈수없이 포개진 얕고 분주한 파도 끝에서 푸르게 응결된 것, 그것이야말로 바다〉라고. 이 〈푸르게 응결된 것〉의 정체는 대체 뭘까? 바다의 혼란스럽고 격렬한 에너지들이 한 방울의 견고하고 투명한 구슬로 응집된 것. 시대의 정수와도 같은 것.

유이가하마 해변에서 기요아키와 사토코의 밀회는 정점으로 치닫는다. 그들은 해변의 밝은 달빛을 피해 그림자로 이슥하게 가려진 어선 밑에서 사랑을 나눈다.

철썩거리는 파도 소리가 들리는 어둠 속에서 여리게 뒤척이며, 모래가 묻은 서로의 육체를 더듬으며 달콤하고 민감한 육체적 접촉을 따라 전율하는 살갗이 초현실적으로 그려진다. 미시마는 화끈거리는 접촉의 감각들을 밤하늘에 박힌 별빛의 반짝임으로 비유한다.

미시마의 문장들은 이들이 저지르는 죄로 말미암아 순도 높은 감응력을 갖게 된 사랑의 감각을 더할 나위 없이 관능적으로 표현한다. 오감을 넘나드는 은유적 율동과 이미지들 사이의 구조적 긴장감이나 관념과 구체의 융합은, 비유를 넘어 흡사 환상적인 애니메이션을 보는 것도 같다. 촉각이 시각으로, 시각이 형이상학으로 전이되는 언어의 향연 속에서 미세한 감각의 불꽃들이 전류처럼 튀어 오르고, 문장은 조그맣고 사소한 감각을 구체적으로 확장할 풍경이나 사물 속으로 녹아들어 번진다.

성적 희열 속에서, 바다를 향해 미끄러지는 듯한 기분을 느끼는 사토코는 점차 밤바다가 되어 가고, 그들은 묵직한 충만함을 느끼며 그들이 저지르는 죄 속으로 가라앉는다. 결코 두 사람을 용서할 리 없는 〈부정不定〉은 역설적으로 그들을 지켜 주는 울타리가 되고, 이 부정이야말로 밀회와 사랑을 포용하면서도 그것을 가능하게 만들며 수호하기까지 하는 사랑의 무대이자 그릇으로 변모한다.

그들이 어둠 바깥으로 얼굴을 내밀었을 때, 구름 사이 달은 마치 〈죄의 휘장〉처럼 하늘 위에 환하게 박혀 있다. 이 사랑을 묘사하는 동안 진부하거나 감각적으로 손상된 문장을 찾아볼 수 없다. 오감과 언어의 에로스가 팽팽하게 조율된 채 정확한 미문들로 분절된다. 풍경과 인물의 내면, 육체적 감각이 자유롭게 변환되는 어떤 기교적 경지는 분명 미시마 문학의 막강함이며 커다란 매혹의 원천이라고밖에 말할 도리가 없다.

사토코와 기요아키의 첫 키스 장면은 어떨까. 차양에 가려진 인력거 위에서 꽃과 꽃이 포개지고 부채처럼 펼쳐지면서 둘의 감각이 섬세하게 어우러지는, 격렬하면서도 아늑하고 몽롱한, 미끄덩한 망아의 쾌락이 짤막한 키스를 나누는 두 사람의 입술로 모여든다. 두 사람이 체현하는 완벽한 아름다움을 언어화하는 미시마의 문장들은 감탄을 자아낸다. 완벽한 아름다움이라는 말에 깃든 꺼림칙한 함의를 망각하게끔 만드는 미적 최면인 것이다.

뒤를 돌아보니, 나는 푸른 바다가 보이는 오솔길에 있었다. 파도 소리가 귓전에서 멀어졌다. 미시마의 생애에 대한 탐방도 끝자락에 다다랐다. 한국으로 돌아갈 날이 머지않았다고 생각했다.

20. 식당 스에겐

末げん

2 Chome-15-7 Shinbashi,
Minato City, Tokyo

어느 날, 자위대에 체험 입대한 미시마는 해가 뉘엿뉘엿 지는 오후, 얇은 티셔츠와 체육복 차림으로 연병장을 달린다. 그는 잠시 존재의 불안을 잊어버린 채 조깅에 몰입한다. 심박수가 서서히 고조된다. 일정하게 숨을 들이쉬고 내쉰다. 이곳에 문학은 없고 오직 자연인 히라오카 기미타케만이 존재한다. 자신을 잊었다는 감정은 곧 서서히 퍼지는 충일감으로 가슴 가득히 차오른다. 이마에 땀방울이 송골송골 맺힌다. 해가 낙하한다. 병영과 연병장에 아름다운 석양빛이 흩날린다.

어떤 결핍이나 내면의 비밀도 없이, 단지 자신의 육체만이 존재한다는 황혼 녘의 청명하고 풍부한 실감은 예전부터 갈망했던 동경의 순간에 도달했다는 벅찬 감격을 전달한다. 미시마는 이 순간을 거머쥐며 더없는 환희를 느낀다. 허약한 유미주의자 소년이 꿈꾸었던 충일감. 자신이 존재한다는 사실을 확증하려고 원고지 위에 헤아릴 수 없을 만큼 수많은 문장을 썼는데, 결국 이 신성한 존재감의 순간이란 이렇게나 쉽고 사소하게, 자신의 발로 대지를 박차며 점점 달구어지는 몸을 느끼는 바로 이 순간에 그를 찾아온 것이다.

이 벅찬 존재감은 곧 죽음에 대한 갈증으로 뒤바뀐다. 미시마는 동경과 환상 없이는 살아갈 수 없는 사람이며, 그가 조깅을 끝마친 뒤 느꼈던 것은 결국 이 순간이 지속되지 않는다는 엄연한 사실이었기 때문이다. 동경과 환상의 끝자락에는 죽음이 자리한다. 죽음은 극단적인 고통으로써 그의 존재와 육체적 현실을 스스로에게 확고하게 전달할 테지만, 또한 생의 파국으로써 생의 편에서는 경험되지 않은 환상이다. 그렇다면, 죽음이야말로 미시마를 괴롭히던 환상과 현실이라는 해소될 수 없던 이분법의 간극을 연결하는 궁극적인 사건일지도 모른다. 비극이 환상의 산맥을 오르는 미시마의 고지에, 삶의 정상에 놓여 있다. 이제 그것은 손에 닿을 만큼 가깝다.

미시마는 죽음을 선택하기 전부터 풍요로운 방식으로 자신의 죽음을 의미화한다. 이것이 회피하거나 덮어 버릴 수 없는 미시마 문학의 자멸적인 진실이다. 그는 『꽃이 만발한 숲』에서부터 자신의 죽음을 미리 예언했으며, 무겁고 준엄하게 되돌아오는 자기 예언을 실현하기 위해 죽음을 단행했는지도 모른다. 그의 작품 전체가 그의 유서라고 말할 수도 있다. 전 생애 동안 집필했던 기나긴 유서.

그의 죽음은 미스터리하지만, 그것은 이유를 알지 못해서 생기는 미스터리가 아니다. 미시마는 자신이 어째서 죽어야만 했는지를 자신의 소설이나 에세이에서 여러 차례 설득한다. 다소 과하게 그리고 연극적으로 느껴질 만큼 자신의 죽음과 관련한 내막을 독자에게 납득시키고 전시하기 위해 애쓴다. 그러나 우리가 보기에 그 이유는 전부 부족하게 느껴진다.

우리는 자살이 삶의 포기와 도주라고 생각하기를 좋아한다. 자살을 커다란 절망과 우울증의 반작용이라고 생각하기를 좋아하며, 죽음을 선택한 자들의 고통이란 부정할 수 없는 사실로 여긴다. 그러나 우리가 생각하는 자살에 대한 통념 속에는 자살자를 삶의 실패자라고 여기는 인식이 저층에 깔려 있다. 거기에는 은밀한 자기 위안과 우월감의 재확인, 죽은 자들에 대한 삶의 특권화라는 어두운 그림자가 드리워진다. 물론 삶은 중요하며 훼손되면 안 된다. 어떤 경우에라도 살아야만 한다는 사실을 백번이고 강조할 수도 있다.

미시마는 자살이야말로 모종의 성공이라는 사실을 자신의 문학을 통해 설득하려 했다. 미학적인 성공이나 정치적인 성공, 실존적인 성공일 수도 있다는 것. 이 성공은 주체의 능력이나 성과로 축적되는 성공이 아니라, 자기 자신이 가졌던 모든 것, 의식의 자리와 자신의 육체까지를 탕진하고 소멸시키면서 이룩되는 성공이다. 그렇기에 그 성공은 적어도 미시마 자신에게는 궁극적인 성공, 모든 사람에게 가장 귀중한 〈금각〉 자체인 자신의 보물 창고를 불태우는 장엄한 제사와도 같다. 그에게 자살은 제물이 되어 일본을 향해 자신을 봉헌하는 것, 미와 초월, 환상과 현실의 해체라는 이름의 형이상학 속으로 들어서는 일이자 궁극적인 영광의 성취와 동일시된다. 미시마의 자살이 광기의 발현처럼 여겨지는 이유 또한 이러한 반사회적인 전도에 기초한다.

우리는 개인적이고 희소한 자기 구원의 철학으로서 자살이 존재한다는 것을 안다. 물론 삶은 그것을 광기라고 부른다. 성공하려는 죽음 충동은 살아 있는 우리를 실패자로 만들면서 성립되기 때문이다. 미시마는 생애 내내 자신을 죽음에 실패한 사람이라 여기며 살았다. 그는 자살을 미학화했지만, 그 미학의 희생양이 됨으로써 이러한 의심과 비난에 대한 탈출구로써 인상적인 대답을 마련한다. 그는 결국 자신의 미학에 따라 자살한 사람이 되었으며, 자기 연출(가면)과 진정성 사이에서 〈살집이 달린 가면〉을 제작하는 일에 간신히 성공한다.

스에겐은 생전의 미시마가 최후의 만찬을 했던 식당이다.

　신바시역 앞의 번화한 스트리트에는 〈스에겐末げん〉이라는 이름의 오래된 식당이 있다. 다다미방으로 나뉘어 있고 내부 인테리어가 멋스러운 닭 요리 전문점인데, 점심에는 가라아게 정식과 전통 일본식 풍미가 있는 오야코동을 판매한다. 특히 생맥주가 아주 달고 시원하다.

　스에겐은 생전의 미시마가 최후의 만찬을 했던 식당이다. 평소에는 웨이팅이 있다고 하지만 직접 방문했을 때는 한산했다. 비가 내리는 창밖을 바라보며 결기 전날의 분위기를 상상했다. 미시마는 두려웠을까. 모든 의욕이 빠져나간 것처럼 피로했을까. 그에게 삶이란 대체 무엇이었을까. 죽음에 의해서만 가치를 획득하는 삶이라면, 그 무기력한 삶은 막막한 황무지가 아니었을까. 다부지게 결기의 다짐을 되뇌었을까. 오랫동안 꿈꿔 왔던 결정적인 하루가, 죽음을 결행할 영광의 날이 곧 내일이라고 생각했을까.

『책이여, 안녕!さようなら、私の本よ!』(2005)에서 오에 겐자부로는 미시마가 자결하지 않은 미래를 상상한다. 〈미시마 사건〉 이후 감옥에 들어가 다시 소설을 쓰고, 극우 사상가로 변신해 출소한 뒤 극우 조직들의 환대를 받는 미시마. 물론 그러한 일은 일어나지 않았다. 미시마에 의해 그러한 미래는 좌절되었지만, 오에는 자아의 완성을 위해 삶의 불확정성과 타자에 대한 윤리적 책임을 저버렸던 미시마의 죽음을 성찰적인 형태로 비판했다. 그는 미시마가 자신의 미래에서 도망쳤다고 말한다. 미시마는 자신의 문학이 가진 반성적인 대화와 재구성의 가능성을 파괴했으며, 극적인 〈자기 실현〉의 신화 제작에 몰두하며 자신이 썼던 문학의 미래에서 달아났다는 것이다.

미시마가 벌인 과시적 퍼포먼스는 그와 그의 작품이 도달할 미래를 의사소통의 장이 아닌 망상적인 영웅의 극장으로 만들었던 것은 아니었을까. 오에는 미시마의 죽음을 통한 〈자기 완성〉이나 〈자기 실현〉을 전근대적 퇴행으로 보았으며, 실존적인 자유를 명분으로 폭력과 테러를 슬며시 옹호하는 그의 천황주의를 반민주적이며 파시즘적인 정념으로 해석했다. 이는 여전히 미시마의 행보에 대한 가장 중대한 비판일 것이다.

오에의 단편소설 「세븐틴セヴンティーン」(1961)에서, 한 중학생 소년의 욕구 불만과 콤플렉스, 반동적인 자의식은 집단주의적 신화라는 갑옷을 착용한 채 허영심에 물든 영웅주의로 돌변한다. 미시마의 내러티브와 얼추 들어맞는 적절한 풍자다. 삶의 완성으로서의 〈자살〉에 역행하듯, 자살자가 많은 일본 문단에서 오에는 끝까지 살아남아 늙어서까지 자기 문학의 재구성을 거듭하다 『만년양식집晩年様式集』(2013)을 남기고 눈을 감았다. 그는 가와바타 야스나리에 이어 일본의 두 번째 노벨 문학상 수상자가 되었다.

결기의 준비를 마친 1970년 11월 24일 저녁, 미시마는 결기를 모의한 방패회 멤버들과 이곳을 찾아 토리나베 정식을 먹었다. 귀가할 때 스에겐의 사장이 또 오시라고 말했다는데, 미시마는 〈이렇게 예쁜 사장님이 있으면 저 세상에서라도 또 오겠다〉는 이야기를 나지막하게 읊조렸다고도 전해진다. 그의 나이는 마흔다섯이었다. 집으로 귀가한 이후 부모님께 취침 인사를 했다고도 하는데 자신의 죽음에 대한 특별한 언급은 하지 않았다고 한다.

다음 날 아침, 미시마는 〈풍요의 바다〉의 마지막 권인 『천인오쇠』의 최종 원고를 대리인을 통해 출판사에 전달한다. 원고를 마지막으로 탈고한 날은 〈미시마 사건〉이 벌어진 날짜인 1975년 11월 25일로 적혔다. 죽기 직전까지 소설을 집필했고, 아마 결기의 날짜와 소설을 완성하는 날짜를 정확하게 맞추려 했던 모양이다. 그 때문에 『천인오쇠』는 예정보다 일찍 완성되었다. 소설의 마지막 문장 앞에서 미시마는 무슨 생각을 했을까. 짤막하게 망설였을까. 삶의 덧없음과 무의미를 통찰한 혼다의 눈이 되었을까. 그것이 그의 자살을 막지는 못했던 걸까.

미시마의 배우자인 히라오카 요코는 당일, 두 자녀를 학교에 보내고 평소처럼 승마 연습을 가는 중이었다. 집에 용건이 있어 전화를 걸었는데, 평소라면 가정부가 받았을 전화를 미시마가 가로챘다고 한다. 요코는 미시마에게 용건을 전했고, 미시마는 다른 언급 없이 그러느냐는 이야기만 남기고 전화를 끊었다. 그것이 둘의 마지막 통화였다.

히라오카 요코는 미시마 사후 작품의 저작권을 관리하며 여생을 보냈고, 생전의 미시마 저택을 원형 그대로 보존하는 데 노력을 기울였다. 딸과 아들은 각각 연출가와 영화감독이 되었으며, 아버지의 소설과 생애를 작품으로 만들었다. 〈미시마 사건〉은 가족들에게 남편과 아버지의 부재라는 깊은 상처를 남겼으며, 그들은 미시마의 선택을 이해하기 위해 서글픈 자문자답을 반복해야 했을 것이다. 미시마는 이 모든 것을 남겨둔 채 이치가야市谷 주둔지로 떠났다.

그가 우울증에 걸려 있었다면 그의 자살은 미스터리로 남지 않았을 것이다. 그런데 그가 난데없이 도쿄 한복판으로 뛰쳐나와 〈아름다운 죽음〉과 천황을 위해 할복했다고 하니 미스터리처럼 보인다. 게다가 그는 노벨 문학상 후보에도 오른 탁월한 소설가가 아닌가. 소설가라면 현실과 허구 사이의 간격을 인식하는 일은 기초 중의 기초다.

소설은 소설일 뿐이다. 그러나 미시마의 사유 속에서 〈소설은 소설일 뿐〉이라는 말을 극복하는 일은 작가로서 넘어서야 할 최종적인 윤리적 한계로 변모해 있었다. 사형수이자 사형 집행인이 되는 것, 인물이자 작가가 되는 것, 사형수와 사형 집행인의 분리를 폐지하는 것. 이러한 욕망들이 미시마의 결단에 긴밀하게 얽힌다. 〈소설은 소설일 뿐〉이라는 가면을 깨부수고 현실과 조우하는 것, 혹은 〈소설은 소설일 뿐〉이라는 가면을 자신의 진짜 얼굴로 삼는 것.

죽음은 미시마에게 환상과 현실의 합일을 넘어 가면과 민낯의 합일로도 의미화된다. 그의 마지막은 문학이 환상일 뿐이라는 사실을 뼈저리게 자각했던 유미주의자 미시마의 냉혹하면서도 잔인한 결단이자, 육체의 충일과 언어의 절정을 동시에 성취하는 궁극의 퍼포먼스로 기능했다. 정치적 선택, 실존적 자유, 윤리적 실천, 에로스의 체험, 신성의 강림, 미학적 완성 그리고 개인적인 콤플렉스의 해소까지. 자살은 그에게 이 모든 것에 결착을 짓고 스스로를 실현하는 〈보로메오의 매듭〉이었던 셈이다.

물론 그는 이 자의적인 결착이 가진 독단성과 윤리적 무책임성을 피해갈 순 없다. 미시마가 만든 〈죽음의 매듭〉이 그만의 망상이자 환상에 불과하다는 비판 또한 마찬가지다. 우리는 미시마를 삶의 실패자라고 부르지 않고도 그의 선택과 문학에 대해 비판하며 성찰할 수 있다. 그의 문학을 현실에 대한 미시마의 소외가 담긴 미결된 환상으로, 천황주의를 〈영웅적 죽음〉이라는 가면을 구성하기 위해 필요했던 허구적 장치로 해석할 수도 있다. 그의 할복을 자아의 〈형식〉을 위한 전통적 장치에 의존함으로써 존재감에의 결핍을 메우려는 작위적인 시도로 해석할 수도 있다.

육체적 고통과 에로스의 극치만이 자기 존재를 증명한다는 그의 생각은 어떨까. 그것은 자학과 위기감이라는 극적인 스펙터클의 체험을 통해서만 존재감을 얻을 수 있는 주체의 심각한 마멸을, 요즘 식으로 말하면 〈도파민에 절여진 뇌〉로서 실재를 향했던 도박적 열정을 합리화하는지도 모른다.

이러한 정치적 선택을 문학에서 현실을 발견하지 못한 문학가의 도피나 청춘을 향한 노스탤지어로 볼 수도 있다. 그가 몽상한 〈영웅적인 죽음〉을 자기도취적인 우상화의 발로로, 자기 파괴와 자기 연출의 극대화로서 사적인 허영심과 대중 인식 사이의 괴리에 무지했던 미시마의 우스꽝스러운 패착이라고 바라보는 시선도 충분히 가능하다. 여전히 우리는 우리의 시선과 미시마의 자기 이해를 대결시키며 〈미시마 유키오〉라는 한 위험한 인간의 생애와 사상을 읽는다.

『달리는 말』에서 주인공 이사오는 부패한 정재계 인사들을 암살하는 내란 모의를 하다 검거되어 재판을 받는다. 이사오가 법정에서 발화하는 최후의 연설은 『달리는 말』의 클라이맥스에 배치되는데, 이 연설은 『달리는 말』을 집필하는 기간 미시마가 어떤 유형의 죽음에 대한 몽상에 파묻혀 있었는지를 적나라하게 증언한다. 소설 속에서 이사오의 연설 이후 법정의 모든 사람이 이사오의 대의에 감복하는데…… 꼭 한번 읽어 보시라. 무시무시한 꺼림칙함이 신화적일 만큼 웅장하게 전개되는 미문들 사이에서 폭주한다. 이를 읽는 독자는 멍해져서 할 말을 잃는다.

분명 이사오는 출사표를 쓰는 제갈량의 마음으로 우국충정과 호국애민의 충절에 대해 구구절절하게 쏟아 내는 중이다. 헌데, 과장을 보태 스토커의 편지를 읽는 듯한 살벌한 소름이 뒷목을 타고 오른다. 천황에 대한 스토커? 연설 전문을 소개할 수 없으니, 여기에서 드러나는 단어를 나열하는 것으로 대신해 본다. 가난한 신민의 구원, 지행합일, 야마토 정신, 천황애를 통한 승천, 〈폐하의 하늘〉이라는 이름의 태허太虛, 하늘과 땅을 이으려는 결연한 순수의 행위, 허공을 향한 용오름으로서의 할복, 필사의 의지로 하늘에 구멍을 뚫고 홀로 하늘에 오르려는 이사오…… 그가 가진 대의의 정신이 농밀하고 장중한 언어로 웅변된다. 이는 과장되어 있지만 미시마가 후기에 자신의 에세이에서 언급한 그의 철학과도 정확히 공명한다. 그는 이 소설에서 자신의 죽음을 문학적으로 리허설하고 신화화한 셈이다.

이 단어들을 다시 곱씹어 보자. 미시마는 이 연설 속에서 할복을 정치적으로 상찬하는 것을 넘어 고귀한 행위의 형이상학으로 추켜세운다. 사실 이 문장들은 소설로 읽기에도 매우 불편한데, 윤리적 판단은 생략하더라도 자결을 신비주의적 숭고미의 현현으로 전달하려는 야심이 느껴지기 때문이다. 그리고 그것은…… 역시 미시마의 놀라운 재능으로 인해 일정 부분 성공하며, 우리는 과거 어딘가에서 사멸한 할복자의 정신을 과격한 정서의 진동으로 체험하게 된다.

『태양과 철』에서 미시마는 자신에게 남은 동경의 지평이 죽음밖에 없다는 사실을 명확하게 언급하며, 죽음을 자아를 허무로 되돌리는 공허나 두려움으로 이해하지 않고 마치 구름을 꿰뚫고 천상을 향해 오르는 비행기처럼 극치의 존재감과 평상심을 향한 도약으로 설명한다. 「우국」에서는 할복자의 육체가, 『금색』에서는 영원한 걸작을 생산하고 죽기를 선택한 작가의 깨달음이, 『가면의 고백』에서는 비극에 대한 동경이 제시된다. 『오후의 예항』에서 류지는 바다 사나이로서 죽는다.

이것 모두가 미시마의 유서일 수 있다. 그는 유서를 쓰는 집요한 펜의 악력으로 수많은 텍스트를 생산했다. 죽음 충동에 깃든 막대한 에너지를 채굴해 수많은 작품을 집필했으며, 이 소설들은 근원인 죽음의 힘을 통해 독자에게 전달되며 때때로 우리를 매혹시킨다. 미시마와 죽음이 떼려야 뗄 수 없는 관계라는 날것의 진실과 직면해 오싹함과 서늘함을 느낀다고 해도, 우리는 여전히 미시마의 문학을 읽는다. 우리는 그를 정면으로 응시하며, 미시마의 문학을 통해 스스로를 다시 성찰하고, 〈풍요의 바다〉를 통해 미학과 윤리, 도덕과 사랑 사이의 예민한 지점을 포착할 수 있다. 그것이 미시마가 바라는 바일 것이다.

21. 일본 방위성 이치가야 기념관 / 미시마 유키오 묘지

市ヶ谷記念館 /
三島由紀夫の墓
5-1 Ichigayahonmuracho,
Shinjuku City, Tokyo
4 Chome, Tamacho, Fuchu, Tokyo

『소설독본』에도 그의 유서를 연상시키는 글이 실려 있다. 막 〈풍요의 바다〉 제3권 『새벽의 사원』을 탈고했을 때다. 그는 〈풍요의 바다〉가 완성된 뒤의 세계를 상상하기도 싫고 두렵다고 이야기한다. 자신이 현실과 소설이라는 두 세계 사이의 대립과 긴장을 통해 작업하는 작가였다는 사실을 고백하던 그는 현실 아니면 소설, 소설 아니면 현실이라는 대립쌍 사이를 넘나들면서 어느 한쪽을 선택해 다른 한쪽을 중지하는 일에서 자유의 근거지를 마련했다고 말한다.

물론 이 자유는 최후의 작품인 〈풍요의 바다〉의 완성을 통해 사라질 것이다. 그는 자유를 잃고, 현실과 소설은 대립과 긴장을 잃고 무너져 그에게는 비루한 현실이나 쓸모없는 소설만이 남아 있을 것이다. 노쇠한 작가로서의 미래를 상상하던 그에게 〈유일하게 남겨질 자유는 그 작품의 작가라고 불리는 일〉일 뿐일 것이라는 절망과 회한이 찾아든다. 〈절대로 일어나지 않을

이치가야 기념관의 테라스. 미시마가 최후의 연설을 했던 곳이다.

전대미문의 사건을 계속 기다리는 소년〉이었던 이의 말년이다.

미시마는 죽기 넉 달 전, 「산케이신문」에 「지키지 못한 약속 ― 내 안의 25년」이라는 짤막한 산문을 게재한다. 이 산문은 미시마의 〈문학적 유서〉에 해당하는 글로 평가된다. 모든 내용을 무無로 되돌리는 〈풍요의 바다〉의 결말처럼, 전면적인 자기 부정의 극치라고 할 수 있는 충격적인 내용이 전개된다.

지난 삶을 회고하며 일본인들의 위선과 무기력을 비판하던 그는, 예술지상주의자로 불리며 전후 체제의 녹을 먹고 살아왔던 지난 25년을 냉소의 시기로 폄하한다. 그는 사회와 역사에 대해 초연한 척 거리를 두면서 살아왔던 과거를 허약함과 무기력의 산물로 환원한다. 그는 지난날들이 너무도 불행했다고 말한다. 작품을 아무리 쌓아 올려도 배설물을 쌓아 올리는 것과 마찬가지였으며, 훨씬 크고 훨씬 중요한 약속을 지키지 못했다는 생각에 매일 밤 자책했고, 그 약속을 지키기 위해서라면 문학 따위는 어떻게 되어도 상관없으리라는 생각이 때때로 머리를 스치고 지나갔다고.

그는 냉소나 허약함과 싸워야만 했다며 자신의 정치적 선택을 변호하는데, 여기에는 사형수이자 사형 집행인이 되는 것, 육체와 정신의 등가, 만드는 자와 만들어지는 자의 일치를 통해 근대적 주체나 작가의 한계를 극복하고 싶었다는 미학적인 야심 또한 피력된다. 그리고 정말 〈문학적 유서〉일 수밖에 없는 내용이 등장한다.

> 나는 충분히 속악하고 투기심도 지나칠 만큼 많은데도 왜 〈속세에서 논다〉라는 경지에 이르지 못하는 것인지, 나 스스로 내 마음을 의심하고 있다. 나는 인생을 거의 사랑하지 않는다. 언제나 풍차를 상대로 싸우고 있는 것이 도대체 인생을 사랑한다는 의미가 될 수 있을지 모르겠다.

책상머리의 풍차를 상대로 싸웠던 문학가로서의 지난 25년, 환상만을 사랑했으며 삶을 사랑하지 못했던 작가로서의 나날이 그의 머릿속을 지나간다. 글은 다음과 같이 이어진다.

> 25년 동안 희망을 하나하나 잃어버려 더 이상 도달할 곳이 보이지 않게 된 오늘날에는 그 많은 희망이 얼마나 공소하고, 얼마나 속악하며, 게다가 희망에 필요한 에너지가 얼마나 비대한지 아연해진다. 이만큼의 에너지를 절망에 사용한다면 좀 더 어떻게 되지 않았을까.

나는 일본의 미래에 크게 희망을 이어갈 수 없다. 이대로 간다면 일본은 없어지는 게 아닌가 하는 느낌이 날이 갈수록 깊어진다. 일본은 없어지고 그 대신 무기적無機的이고 공허하며, 중성적인 중간색의, 유복하면서도 빈틈이 없는, 어느 경제 대국이 극동의 한 부분에 남게 되리라. 나는 그래도 된다고 생각하는 사람들과 말을 나눌 기분이 들지 않게 되어 버렸다.
―「지키지 못한 약속―내 안의 25년」 중에서

　　일본 방위성 홈페이지에서 이치가야다이 투어를 신청하면 출입이 제한된 방위성 내부를 견학할 수 있다. M과 함께 방위성을 아우르는 높은 담벽을 따라 걸었고, 투어를 신청한 일본인 관광객들 사이에서 기다리니 곧 노란 벙거지를 쓴 친절한 인상의 가이드가 다가와 임시 출입증을 나누어 주었다. 하다하다 일본의 국방부를 찾게 될 줄이야. M은 메이지 신궁을 찾았을 때처럼 똑같은 말을 중얼거렸다. 뭔가 불길한데. 햇볕이 쨍쨍했으며 우리는 더위를 먹은 상태였다.

　　방위성 안에는 이치가야 주둔지의 총감부 건물 일부를 이축해 복원한 이치가야 기념관이 있다. 견학을 나온 관광객들과 일렬로 줄을 서서 입장했다. 투어 가이드는 아나운서처럼 상냥하고 절제된 목소리로 관광객들을 이끌었다. 방위성 영내에 설치된 기념 조형물에서 이치가야 기념관을 거쳐 자위대 홍보관으로 향하는 투어 코스는 〈미시마 사건〉의 현장을 포함한다. 도쿄 스카이트리처럼 생긴 원형의 높은 철탑과 각진 건물들이 뭔가 건담에 나오는 지구 방어 요새를 연상시키는 방위성 내부를 지나자, 멀리서 이치가야 기념관의 하얀 입면이 보였다. 다른 관광객들의 입에서 미시마 상, 미시마 상이라는 단어가 들렸다.

〈칠생보국七生保國〉이라고 적힌 히노마루를 두른 미시마가 소집된 자위대원들을 내려다보며 최후의 연설을 했던 테라스가 눈앞에 나타났다. 주먹을 휘두르며 자위대의 궐기를 촉구하는, 〈너희를 부정하는 헌법에 그대로 따를 거냐〉, 〈나와 뜻을 같이할 사람은 없는가〉라고 응분의 고함을 질렀던, 그런 미시마를 올려다보며 야유를 하던 자위대원들의 자리에 내가 있었다. 그래서 감상은, 뭐라 할까, 생각만큼 감흥이 있지는 않았지만 비어 있는 테라스를 계속해서 올려다보게 되었달까. 다른 관광객들도 건물을 사진으로 촬영하며 테라스를 가리켰다. 여전히 미시마 상, 미시마 상이라는 단어가 들렸다. 그들도 〈미시마 사건〉의 현장을 보기 위해 방위성 투어 코스를 신청한 모양이었다. 동영상으로 봤던, 주먹을 쥐고 잡음 속에서 잘 들리진 않지만 같은 말을 허겁지겁 반복하던 미시마의 모습이 머릿속에 떠올랐다.

최후의 연설을 하는 미시마를 올려다보며 야유를 하던 자위대원들의 자리에 내가 있었다.

산책길 6 죽음

나는 이 책에서 그의 죽음을 다양한 방식으로 상상하기 위해 노력했지만 〈미시마 사건〉은 이 모든 것으로 설명될 수 있다. 때때로 그것은 천황주의와 정치적 선택이었고, 때로는 문무양도였으며, 때로는 극한의 존재감이었고, 때로는 소외와 콤플렉스의 극복이었고, 때로는 신성과 에로스의 체험이었다.

미시마에게 1970년 11월 25일은, 라캉의 도식을 빌려 다시 정리하자면 천황주의, 사무라이 도덕, 사회와 국가를 향한 비판, 소설가적 과업의 완성이라는 〈상징적 차원〉, 에로스, 미, 천황애, 애도, 영웅주의, 비극, 콤플렉스로부터의 구원이라는 〈상상적 차원〉, 그리고 육체의 실감과 타나토스, 자기 소멸과도 같은 〈실재적 차원〉이라는 삼중의 분리된 계열들이 집결하고 맞물리며 완전한 동그라미로서 폐쇄될 궁극적인 몰락의 하루, 구조적인 몰락으로서 실현될 예술적인 승화의 하루였다. 그러나 그저 난폭하고 대책 없는 하루였다. 자신의 내밀한 욕망을 실현하기 위해서만 살았던 최고로 진실된 하루였다. 그러나 그저 최후의 연기를 상연하기 위해서만 살았던 최고로 거짓된 하루였다.

그는 드디어 언어라는 불완전한 매체에서 탈피해 자신의 죽음을 매체로 현실을 향해 강제적인 메시지를 던진다. 미의 형식을 언어로 구현하는 것이 아니라 미의 형식이 되고자 하며, 미를 표현하는 자가 아니라 미의 화신으로 나아간다. 그는 다다를 수 없는 모든 곳에 가까워진다. 다다를 수 없는 끝자락에 죽음이 있는 것은 자명하다. 작품 속에서 정밀한 법칙을 확립하려 노력했던 것처럼, 삶과 문학을 죽음으로 통합하기 위한 모든 망상적인 화음들은 갖추어졌다. 이제 미시마는 떠들썩하게 노래를 부르기 시작한다.

미시마는 방패회 단원 4명과 함께 주둔지 정문으로 진입해 미리 일정을 약속해 두었던 총감실로 안내받는다. 순조롭게 총감실에 진입한 그는 자신이 데려온 방패회 멤버들을 총감에게 소개한다. 지참했던 일본도를 칼집에서 꺼내 보여 준다. 그것은 진검이었고, 칼날을 손수건으로 닦는 동안 총감은 검을 보기 위해 미시마 옆에 앉는다. 칼날을 닦는 미시마의 동작은, 결기를 맹약한 방패회 단원들 사이의 비밀스러운 신호였다고 전해진다.

방패회 단원들 사이의 눈짓이 교환된다. 미시마가 일본도를 다시 칼집에 넣는 순간, 방패회 단원들이 총감을 습격해 손수건으로 입을 막고 미리 준비한 로프로 총감의 몸을 포박한다. 칼을 총감의 목에 들이대는 한편, 총감실 출입구에 의자와 책상을 첩첩이 쌓아 바깥에서 들어오지 못하도록 바리케이드를 세운다.

미시마가 사건을 벌였던 이치가야 주둔지는 도쿄 극동 국제 군사 재판의 법정이 설치되었던 장소였다. 이곳에서 도조 히데키를 포함한 전범들이 사형을 선고받았다. 이치가야 기념관 1층에는 재판의 현장을 그대로 떼어 이축해 복원한 넓은 법정이 있다. 가이드가 법정 안을 안내하며 그때 실제로 법정에 있었던 나무 바닥과 단상을 가리켰다. 방청석에 앉아 침략 전쟁과 패전, 미군정 진주, 그리고 도쿄 극동 국제 군사 재판 당시의 분위기와 전범들의 처벌, 평화 헌법 수립 이후 자위대의 이념을 다룬 다큐멘터리 필름을 짤막하게 시청했다. 이를 안내하는 가이드의 중립적인, 마치 짜인 대본처럼 높낮이가 없는 친절한 어조가 묘한 부조화를 일으켰다. 그 이상한 기분을 내 언어로 묘사하는 것은 불가능할 것 같다.

이곳에서는 당시 일본 제국 군인들의 소지품들을 전시하는 한편, 일본 제국의 침략 전쟁을 비판적으로 소개한다. 〈관광지로서의 도쿄〉가 아닌 그 샛길의 〈미시마의 도쿄〉로 들어서지 않았다면 끝끝내 마주하지 않았을 장소였다.

총감을 겁박하고 몇 분 뒤, 낌새를 알아챈 하급 장교들과의 난투극이 벌어진다. 미시마와 방패회 단원들 또한 진검을 휘두르고, 장교들은 바리케이드를 넘어 총감실로 들어서기 위해 문을 부수려 한다. 짧은 대치 속에서 미시마는 그들에게 요구 사항을 전달한다. 테라스 앞으로 자위대원들을 전원 집결시킬 것. 아니면 총감을 죽이고 자신들 또한 전원 할복하겠다는 것이다. 이내 자위대원들이 소집되지만, 대개는 휴가나 훈련을 나가 있었던 탓에 많은 인원이 모이진 않았다.

미시마는 발코니로 나가 육성으로 연설한다. 우리는 일본인이다, 일본을 지키자, 이대로라면 자위대는 미국의 군대가 된다, 자위대가 일어나는 날을 기다렸다, 자신과 함께 봉기해 평화 헌법을 개정하자. 자위대는 이 황당한 호소에 호응하지 않고 야유와 비난을 퍼붓는다. 헬리콥터가 오고 연설하는 그의 모습이 텔레비전에 생중계된다. 자료를 보면 그의 목소리는 잡음과 주변의 소란에 파묻혀 거의 들리지 않는다. 때는 태양이 하늘의 중심에 걸린 정오다.

이치가야 기념관의 2층에는 〈미시마 사건〉의 현장인 총감실이 이축된 채 복원되어 있다. 미시마가 장교들과 난투극을 벌일 때 칼을 휘둘렀는데 문짝에 세 개의 칼자국이 남았다고 한다. 그 문짝의 흠집 역시 그대로 기념관으로 옮겨졌다. 가이드의 손짓에 맞춰 옆의 사람들과 고개를 끄덕거리며 세 개의 칼자국을 보았다. 그 앞에는 미시마가 할복한 자리를 표시한 패널이 있었다. 여전히 실감은 없었다. 마치 소설을 읽은 뒤의

미시마가 장교들과 난투극을 벌일 때 칼을 휘둘렀는데 문짝에 세 개의 칼자국이 남았다고 한다.

머릿속처럼 엉성한 이미지들이 뇌리를 부유했다. 미시마는 이곳에서 죽었다.

연설을 마친 미시마는 총감실로 돌아온다. 그의 목소리는 들리지 않았고 자위대는 봉기하지 않았으나, 영광의 사닥다리는 천상이 아니라 야트막한 총감부의 밀실에 있다. 그는 자리에 가부좌를 틀고 앉는다. 들고 있던 일본도를 방패회 단원에게 건네준다. 그리고 할복을 위해 준비한 단도를 꺼낸다. 차고 있던 고급 시계를 단원에게 건넨 뒤, 옷자락으로 내놓은 배를 향해 기합을 넣고 단도를 밀어 넣는다. 부들거리는 그의 몸이 조용하게 앞으로 기울어진다. 단원들 중 한 명이 아직 숨이 끊어지지 않은 그의 목을 내리친다.

자아의 완성을 위해 단단히 결속된 〈보로메오의 매듭〉은 바로 이 짤막한 순간 완전히 해체된다. 그의 천황주의와 정치적 신념, 사무라이 도덕의 형식은 일본 사회에 경악과 퇴행으로 다가왔을 뿐 전혀 받아들여지지 않았다. 상징의 고리가 풀린다. 현장의 처참함은 미화되지 못했고, 칼이 내장을 짓이기는 순간 미시마 머릿속에 있던 연극적 우상은 붕괴하고 만다. 상상의 고리가 풀린다. 고통스러운 육체가 돌출해, 극한의 존재감 속에 들어선 그를 집어삼켜 의식의 공백 속으로 가라앉힌다. 실재의 고리가 풀린다. 미시마가 절복하는 바로 그 순간, 그는 다다를 수 없는 곳에 다다른 것이 아

이치가야 기념관 2층, 미시마가 할복한 자리를 표시한 패널.

산책길 6 죽음

니라 다다를 수 없는 곳 자체가 사라지는 어둠 속에 다다른다. 그는 쓰러진다.

에도 도쿄 건축 정원江戸東京たてもの園에는 이 책에서 소개하지 못한 미시마의 소설인 『교코의 집鏡子の家』(1959)의 배경이 된 〈드 라란데 저택〉이 있다. 지금으로부터 2백여 년 전, 에도 시대에 지어진 고택이나 양관들이 폭우를 맞고 있었다. 미시마의 문학은 그가 태어나지 않은 곳으로 거슬러 올라간다. 전통, 가면, 금각, 미, 바다, 천황, 일본. 혹은 그것 모두가 없는 어느 태초의 시원을 향해.

그곳에 내가 있는지도 모른다. 그를 읽고 있으니까.

에도 도쿄 건축 정원에서 20여 분 정도 걸으면 히라오카가家의 가족묘가 있는 다마 공동묘지多磨霊園가 나온다. 공원 묘지를 따라 느리게 산책했다. M과 G가 동행했다. 묘지가 빼곡하게 펼쳐졌다. M이 손가락으로 가리킨 자리에 단정한 비석이 있었다. 비석 위에 미시마의 가족들 이름이 적혀 있다. 비석을 골똘히 들여다보면서 미시마 유키오의 이름을 찾았다. 아직 무더운 여름이었다. 매미 울음소리가 들렸다. 우리 말고는 아무도 없었다. 비가 그쳤고, 우거진 수림 위로 햇볕이 가물거렸다. 피곤해. 어제 술 너무 많이 마셨잖아? 그런데 무슨 이야기를 했더라.

미시마의 소설 『교코의 집』의 배경이 된 <드 라란데 저택>

    <풍요의 바다> 제4권 『천인오쇠』가 이 책을 탈고하는 시점에 출간되었다. 내 책상에는 일본에서 샀던 『천인오쇠』의 문고본이 아직도 그대로 있다. 몇몇 페이지에는 낙서가 적혀 있다.

    그가 쓴 마지막 문장의 일본어 원문은 다음과 같다.

> この庭には何もない。記憶もな ければ何もないところへ、自分は来てしまったと本多は思った。
> 庭は夏の日ざかりの日を浴びてしんとしている。

이 정원에는 아무것도 없다. 기억도 없고 아무것도 없는 곳에 자신은 오게 되었다고 혼다는 생각했다.
고요한 정원은 여름의 햇볕을 쬐고 있다.

비석 위에 미시마의 가족들 이름이 적혀 있었다. 비석을 골똘히 들여다보면서 미시마 유키오의 이름을 찾았다.

산책길 6 죽음

III. 에필로그

미시마는 분명 문제적인 작가다. 그의 천황주의와 군사주의적인 상상력, 미와 죽음에 대한 숭배와도 같은 주제는 우리 모두에게 극단적인 불편함을 안기고, 때로는 심각한 윤리적 반감을 불러일으킨다. 나는 이를 숨기려 하지 않았다. 우리는 미시마의 문학과 삶과 사상을 분리해 읽으려 하지만, 내가 확인한 미시마는 그것이 불가능하다는 진실을 알려주었다. 나의 도쿄 여행과 〈미시마 읽기〉는 이 불안한 진실의 이모저모를 성실하게 들여다보는 과정이었다. 그와 동시에 나는, 이 모든 복잡함과 위험성을 지닌 작가가 왜 여전히 문학적으로 강렬한 매혹의 중심에 있는지를 현재의 관점에서 이해하고 싶었다.

나는 그를 납작한 방식으로 찬동하거나 냉소하지 않은 채, 불완전한 인간이자 작가로서 그가 가진 입체적인 면모를 정확하게 목격하고 싶었다. 이로 말미암은 민감한 논쟁과 어두운 그림자 또한 정당한 생각의 대상으로 삼고 싶었다. 그가 주장한 천황론이나 예술론이 지닌 역사적 함의와 극우적 폭력성을 단순화하거나 정당화하려는 글이 아니다. 나는 그의 위험성과 모순을 명확하게 드러내는 가운데, 우리가 문학을 매개로 어디까지 다가설 수 있으며 어디서부터 물러설 수 없는지를 실험하고 싶었다.

동의할 수 없는 타자의 생애와 죽음을 서술하는 것은 내가 가진 윤리적 감각 전체가 흔들리는 사건이었다. 나는 한 인간의 삶을 픽션화할 권리가 있는 소설가로서 그러한 흔들림 속을 통과할 의무를 내게 부여했다. 문학이 정말 타자와 열렬하게 만나는 경험이라면, 그 만남의 증거란 이러한 흔들림의 기록을 뜻할 것이라는 사실이 이 글을 쓰는 기간 내가 의지했던 단순한 믿음이었던 것 같다.

미시마는 싸움과 대결의 정신을 찬양했다. 졸지에 사각의 링 위에서 난전을 치르고 나온 기분이지만, 내가 미시마에게 배운 점이 있다면 그는 뭐든지 회피할 수 없게 만드는 작가라는 것이었다. 이 책을 읽을 독자에게 이러한 내 시간들이 부디 너그럽고 진솔하게 전달되기를 바랄 뿐이다.

작년 7월 도쿄는 무덥고 아름다웠다. 미시마의 책이 가득 든 무거운 캐리어를 끌고 한국에 있는 원룸으로 돌아와 누웠을 때 내 머릿속은 캄캄하고 멍했다. 무언가 분명 중요한 것을 보았고 느꼈던 것 같은데 그것을 서술할 엄두가 나지 않았다. 그 막연함과 캄캄함에, 미시마의 탄생과 죽음 사이에 고공의 다리를 놓듯 아슬아슬하게 이 책을 썼다. 종종 그 다리 위에서 미끄러지기도 했지만, 그래도 내가 인식한 미시마의 삶과 내가 걸었던 도쿄를 정직하게 옮기려고 노력했다.

나는 이 모든 시간이 의미가 있다고 믿는다.

지금 생각하면, 청소년 시절의 내가 미시마를 읽고, 흥미롭게 눈을 반짝였을 때부터 이 책을 쓸 날이 예고되었던 듯하다. 마치 미시마 식의 〈예정설〉처럼. 그렇게 느껴도 될까.

의도와는 다르게 너무 무거운 책이 된 느낌이다. 원고를 기다려 준 소전서가에게 감사하다. 사진을 찍느라 고생한 민병훈 작가에게도 고맙다. 이제 책상 위에 펼쳐두었던 미시마의 책을 서가에 꽂고, 드디어 내 소설을 쓸 수 있을 것 같다.

IV. 참고 자료

○ 미시마 유키오의 작품

『花ざかりの森·憂國(꽃이 한창인 숲·우국)』, 三島由紀夫(東京: 新潮社, 2020).

『가면의 고백』, 미시마 유키오, 양윤옥 옮김(파주: 문학동네, 2009).

『사랑의 갈증』, 미시마 유키오, 이수미 옮김(파주: 빛소굴, 2024).

『나쓰코의 모험』, 미시마 유키오, 정수윤 옮김(서울: 알에이치코리아, 2024).

『금색』, 미시마 유키오, 정수윤 옮김(서울: 큐큐, 2022).

『파도 소리』, 미시마 유키오, 이진명 옮김(서울: 책세상, 2002).

『금각사』, 미시마 유키오, 허호 옮김(서울: 웅진지식하우스, 2002).

「우국」, 『이문열 세계명작산책 2—죽음의 미학』, 이문열 엮음(파주: 살림, 2003).

『오후의 예항/짐승들의 유희』, 미시마 유키오, 박영미 옮김(서울: 문학과지성사, 2022).

『봄눈』(〈풍요의 바다〉 제1권) 미시마 유키오, 윤상인/정혜영 옮김(서울: 민음사, 2020).

『달리는 말』(〈풍요의 바다〉 제2권), 미시마 유키오, 유라주 옮김(서울: 민음사, 2024).

『새벽의 사원』(〈풍요의 바다〉 제3권), 미시마 유키오, 유라주 옮김(서울: 민음사, 2025).

『天人五衰』(豊饒の海 第四卷), 三島由紀夫(東京: 新潮社, 2003).

『문화방위론』, 미시마 유키오, 남상욱 옮김(파주: 자음과모음, 2013).

『소설독본』, 미시마 유키오, 손정임/강방화 옮김(서울: 미행, 2023).

『문장독본』, 미시마 유키오, 손정임/강방화 옮김(서울: 미행, 2022).

『미시마 유키오 對 동경대 전공투 1969~2000』, 미시마 유키오/아쿠타 마사히코 외, 김항 옮김(서울: 새물결, 2006).

『私の遍歷時代·太陽と鐵』, 三島由紀夫(東京: 中央公論新社, 2020).

『英靈の聲 オリジナル版』, 三島由紀夫(東京: 河出書房新社, 2005).

『行動学入門』, 三島由紀夫(東京: 文藝春秋, 1974).

『부도덕 교육 강좌』, 미시마 유키오, 이수미 옮김(서울: (주)태일소담출판사, 2010).

『미시마 유키오의 편지 교실』, 미시마 유키오, 최혜수 옮김(서울: 현대문학, 2024).

•작품 이외에도 단행본에 함께 실린 작품 해설과 옮긴이의 말 코너를 폭넓게 차용하며 참고했다. 해당 일본어 텍스트의 번역 및 읽기는 주변 일본어 및 일본문학 전공자들(양초영, 민순기, 김현수)의 폭넓은 도움과 다회차의 워크숍, 챗GPT 기계 번역의 도움을 얻었다.

◦ 논문 자료

박규태, 「〈일본교〉와 섹슈얼리티: 미시마 유키오, 천황제, 에로티시즘」, 종교문화비평(23), 종교문화비평학회, 2013.

한정균, 「미시마 유키오의『우국(憂國)』의 시간 변화에 따른 의미 변화」, 일본근대학연구(78), 한국일본근대학회, 2022.

황호덕, 「영구혁명이라는 형식 혹은 아나키의 질서, 돼지와 천황 사이의 댄디 미시마 유키오」, 자음과모음(21), 2013.

김형, 「미시마 유키오의 양명학」, 양명학(61), 한국양명학회, 2021.

홍윤표, 「미시마 유키오의 전쟁 체험」, 한일군사문화연구(16), 한일군사문화학회, 2013.

김정희, 「미시마 유키오(三島由紀夫)의『봄의 눈(春の雪)』과 고전: 미야비(みやび)의 재현이라는 관점에서」, 비교문화연구(53), 경희대학교 글로벌인문학술원, 2018.

김항, 「주권의 표상 혹은 공백의 터부: 미시마 유키오의 텐노와 미」, 미술사학보(42), 미술사학연구회, 2014.

남상욱, 「미시마 유키오와 〈전후민주주의〉: 1968년의 〈미국〉 표상을 중심으로」, 日本思想(29), 한국일본사상학회, 2015.

남상욱, 「전후 일본 문학에 있어서의 〈폭력〉 표상: 미시마 유키오와 오에 겐자부로에 있어서의 〈폭력〉 표상을 중심으로」, 일본언어문화(42), 한국일본언어문화학회, 2018.

허호, 「어학, 교육 편: 미시마 유키오 『금각사』론: 우이코의 변용」, 일어일문학연구(40), 한국일어일문학회, 2002.

허호, 「미시마 유키오의 문학과 나르시시즘: 『금색』을 중심으로」, 세계문학비교연구(11), 세계문학비교학회, 2004.

장흥규, 「미시마 유키오 〈관념과 육체〉의 상관: 『가면의 고백』을 중심으로」, 일본어문학(99), 일본어문학회, 2022.

장흥규, 「작품 『금각사』에 대한 고찰」, 일본어문학(75), 일본어문학회, 2016.

심재민, 「미시마 유키오(三島由紀夫)의 우국(憂國)론」, 일본어문학(32), 일본어문학회, 2006.

◦ 사진 자료

미시마 유키오 관련 자료 사진: 25면, 93면, 180면, 252면

(출처: 위키미디아 커먼스Wikimedia Commons)

소전서가는
소전문화재단의 출판 브랜드입니다.

소전문화재단은
누구나 문학을 곁에 두고 그 안에서 펼쳐지는 크고 작은 담론에 관계할 수 있도록
독서를 장려하고 문학 창작을 후원하는 문화 예술 재단입니다.
문학 도서관 〈소전서림〉과 출판사 〈소전서가〉, 읽는 사람들의 온라인 커뮤니티
〈읽는사람〉을 운영하고 있으며, 소설가들의 장편소설 집필 활동을 후원하는
레지던스 〈두내원〉을 준비하고 있습니다.

작가와 함께하는 도시 산책

미시마의 도쿄

발행일
2025년 8월 25일 초판 1쇄

글 양선형
사진 민병훈
발행인 김원일
발행처 소전서가
기획.편집 소전문화재단
디자인 나는 컴퍼니
제작 올북컴퍼니

주소 서울시 강남구 영동대로138길 23 소전문화재단
전화 02-511-2016
홈페이지 www.sojeonfdn.org
@sojeonseoga

ISBN 979-11-94067-07-8(04810)

(C) 양선형, *Printed in Korea*

이 책에 실린 글과 도판의 저작권은 지은이와 소전서가에 있습니다.
저작권법에 의해 보호받는 저작물이므로 무단 전재 및 복제를 금합니다.